분노로부터의 탈출

김해영 지음

교육아카데미

들어가는 말

처음 글을 시작하면서 두 가지가 마음속에서 떠나지 않았다. 하나는 '왜 이 글을 써야만 하는가?'였고 나머지 하나는 '여기서 제시하는 해결책들이 독자 혼자서 적용해 볼 수 있는 것들인가?'였다. 첫 번째 질문이 이 책을 시작하게 한 동기였다면 두 번째는 나 스스로를 절제하게 하는 것이었다. 책을 쓰는 사람으로서 특별히 현장에 민감해야 하는 직업을 가진 나에게 첫 번째 질문은 의미가 크다. 현장의 소리와 필요에 민감하지 않는 것은 큰 의미가 없다고 믿기 때문이다.

두 번째는 현장 적용에 있어 실질적인 문제의식을 의미한다. 이것은 첫 번째 질문과 맞닿아 있다. 현장의 소리에 민감하다는 것은 현장의 문제에 관심을 갖는다는 의미이고 그 관심은 가능한 도움의 방법이 있는지 생각해 보게 하는 힘이 된다. 도움을 준다는 것이 너무 거창하게 들릴 수도 있다. 그렇다면 문제 해결을 위한 최소한의 어떤 방법이나 대안을 생각해 볼 수 있는 기회라고 해도 좋다. 그런데 그 대안이란 것들이 너무 전문화 되고 복잡해서 어떤 것들은 일반 사람이 이해하기 어려운 것들이 있다. 내가 하는 말이 누군가를 더 혼란스럽게 한다면 가급적 그런 일이 없도록 해야 한다고 생각한다. 그것이 어떤 계산된 교육적 방법이 아니라면 말이다.

그런 의미에서 분노에 관해 다룬 이 책은 현장의 목소리에 실질적인 도움을 주고자 하는 계산된 걸음이다. 현장의 소리에 민감하게 반응하고 그 해결책을 쉽게 생각해 보고 독자 입장에서 적용해 볼 수 있도록 하는 계획된 의도를 가지고 있다. 그런 목적에서 이 책에서는 몇 가지 법칙, 또는 원리라는 말로 분노 해결의 방법을 단순화시켜 보았다. 이것들이 모든 분노 해결에 적용될 거라는 무모한 기대를 가지고 있지는 않다. 다만 이 원리들을 외워서 적용해 보고 각각의 환경과 조건에 따라 더 발전시켜 보기를 권한다. 어쩌면 개인 문제에 전문가는 최전방에 선 그 일을 당한 당사자이기 때문이다. 이 책은 최전방에서 전투를 치루고 있는 전문가에게 필요한 몇 가지 무기를 제공하는 것이다. 그것을 다루고 발전시켜 자기 몸에 최적화시켜 나가는 것은 이 책을 읽는 여러분이라고 생각한다. 모두가 분노가 없는 사회가 아니라 그것을 잘 다룰 수 있는 사회에서 살아가기를 바란다.

저 자

목 차

첫 번째 이야기: 묘한 감정들

▶ 바닷가 위의 배

가끔 떠오르는 이미지 하나가 있다. 조그만 배가 바다 위에 떠 있는 모습이다. 끝없이 파랗게 펼쳐진 바다 위에 배는 너무도 조그맣다. 바람 한 점 없고 밝은 햇빛에 이 조그만 배는 한없이 평안해 보인다. 그런데 갑자기 검은 비구름이 몰려오기 시작했다. 비가 내리고 천둥이 치더니 물살이 거세지기 시작한다. 금방이라도 조그만 배를 집어 삼킬 것처럼 물결들이 출렁인다. 방금까지 잔잔하던 바다가 언제 그랬냐는 듯 조그만 배를 무섭게 흔들기 시작한다. 하지만 그 배는 이상하리만치 평안하다. 물살이 아무리 높게 몰아쳐도 전혀 요동하지 않는다. 주변의 모든 것들이 이 조그만 배를 집어 삼킬 것처럼 달려든다. 그러나 이 배는 너무도 조용하고 잔잔하다. 움직임도 없고 반응하지 않으며 주위에 일어나는 일들과는 아무 상관이 없어 보인다.

나는 이 이미지 속에 배처럼 되고 싶다는 상상을 종종 해본다. 불가에서는 '평상심(平床心)'이라는 말을 사용한다. 이것은 아무것에도 어떤 것에도 자기중심이 흔들리지 않는 상태를 의미한다. 이미지 속에 이 배와 같은 상태를 말한다. 기독교에서도 비슷한 내용이 나온다. 예수가 제자들과 함께 배를 타고 가다 큰 광풍을 만난다. 배에 물이 가득하게 찰 정도로 심한 광풍이었다. 제자들은 그 속에서 죽음을 느낄 정도였다. 그들 중에는 평생을 물고기를 잡으며 어부로 살아온 자들도 있었다. 그런데 예수는 그런 상황에서도 고물을 베고 주무시고 계셨다. 제자들이 깨워서 상황을 이야기 할 정도로 깊이 잠이 드셨다. 바깥 상황이야 어떻든 당시 예수는 풍랑 가운데 잠잠한 배였던 것 같다.

이런 배가 되고 싶다는 생각을 하는 동안 갑자기 든 생각이 있다.

'배의 크기를 키우는 건 어떨까?'

'배가 조그마해서 높은 파도나 풍랑에 휘둘린다면, 그럼 아예 커져 버리면 문제가 없지 않을까?'

영화에 보면 종종 배가 풍랑을 만나는 장면이 나온다. 그런데 아무리 풍랑이 세도 배가 크다면 이야기가 달라질 수 있다. 먼 나라까지 가서 고기를 잡는 수 천, 수 만 톤의 원양어선이나, 강대국들이 가지고 있는 무지막지하게 큰 항공모함 같은 것들 말이다. 그런 배들은 너무 커서 배 위에서 축구를 할 수 있을 정도다. 엄청나게 많은 사람들, 물건들을 동시에 싣고 나를 수 있다. 심지어 비행기가 배 위에서 뜨곤 한다. 어지간한 정도의 풍랑이나 바람은 그 정도의 배에는 아무런 영향을 미치지 못한다.

큰 배가 되면 아무리 큰 풍랑이 와도 문제가 없을 텐데!

실제로 조그만 배를 키울 수 있다고 믿고 노력하는 사람들이 있다. 컴퓨터 용량을 늘리듯이 말이다.

'작은 배의 크기를 그렇게 키우는 게 가능할까?'

가능하다는 대답을 받았다고 치자. 실제로 작은 배를 큰 배로 만들 수 있는지는 잘 모르겠다. 연이어 '과연 얼마나 크게 할 수 있을까?' 그리고 '얼마나 크게 만들어야 바람과 큰 파도에 끄떡없을까?' 같은 질문들이 떠오른다. 보통 가장 크다는 배들을 살펴보니 무게가 80,000 톤에 달하고 이 정도를 대형 항공모함이라고 한다. 이런 대형 항공모함을 가지고 있는 미국의 배는 보통 76기 정도의 전투비행기, 약 10여대의 헬기와 정보기를 싣고 다닌다. 배안에 타는 사람들만 해도 거의 5,000여명에 가깝다(2018년 6월 15일 검색, https://ko.wikipedia.org/wiki/항공모함). 이 정도면 배라기보다는 떠다니는 섬이라고 해도 무리가 없을 것 같다. 이왕 크기를 키울 수 있다면 이 정도는 돼야 하지 않을까 싶다. 그러면 풍랑이나 심지어 쓰나미가 몰려온다고 해도 큰 문제가 없을 것 같다.

'그런데 정말 이 정도까지 키우는 게 가능할까?'

▶ 마음이 어디 있어요?

가끔 이런 질문을 하곤 한다.
"마음이 어디에 있어요?"

질문을 받은 사람들의 대답은 제각각이다. 누구는 가슴을 만지기도 하고 누군 머리에 손을 갖다 댄다. 어떤 사람은 그게 있기는 한데 어디에 있는지 모르겠다는 표정을 짓는다. 있기는 있는데 구체적으로 생각해 보지 않았다는 반응들이다. 마음은 어디에 있을까?

마음이 어디에 있는지는 나 자신도 정확히 말할 수 없다. 우리 머리 어딘가에 아니면 가슴 한 구석에 자리하고 있는 건 분명해 보인다. 왜냐하면 우리 일상에서 마음이 존재하고 있다는 것을 인정하는 표현들이 많이 있기 때문이다. '마음을 다스려라.', '마음이 많이 힘들겠다.', '마음은 해 주고 싶은데...', '마음이 고와야 큰일을 하지.' 등등 수업이 많은 말들 말이다. 모두다 표현은 조금씩 다르지만 마음이 어딘가 존재한다는 것을 인정하는 말들이다.

그래서 더 어려워 보인다. 마음이 병이 들면 말이다. 구체적

형태나 모양을 가지고 있다면 고치고 치료할 수 있을 텐데....!! 도대체 어디 있는지 알 수가 없기 때문이다.

오래전 서구에서는 마음과 육체를 분리해서 생각했다. 몸과 마음이 분리되어 있어서 서로 다른 영역을 관여하는 것으로 받아들여지고 다루어졌다. 이것은 근대철학 발달에 중요한 위치를 차지하고 있는 한 철학자의 사상적 영향의 결과로 보인다. 결과적으로 육체의 질병은 의사가, 마음의 병은 심리학자가 다루는 식으로 받아들여졌다. 육체의 질병을 일으키는 여러 증상들은 진단할 수 있다. 눈에 보인다고 믿기 때문이다. 마음과 연관이 있는 심리는 그럴 수 없다. 다른 접근을 해야 한다고 믿었다. 보이지 않기 때문이다. 그러나 어딘가에 존재하는 것이다.

마음이 어디에 존재하는지, 아니면 진짜 있는지는 정확히 말할 수 없다. 그러나 최근 과학기술들을 보면 분명 마음은 분명 우리 몸 어딘가에 존재하고 영향을 주는 것 같다. 몸과 마음을 따로 떼어놓고 생각할 수 없는 증거들을 최근 과학들이 보여주고 있기 때문이다. 이 첨단 과학기술들은 우리가 눈으로 볼 수 없는 부분까지 볼 수 있게 해 주었다. 이 기술 중에 단연 돋보이는 분야가 뇌 과학 연구다. 최신 과학기술을 이용한 촬영장치, 예를 들어 자기공명영상기술(MRI)이나 양자방출뇌영상(PET) 같은 것들이다. 이것들을 통해 외부 자극에 뇌가 보이는 반응을 살펴볼 수 있게 되었다. 이 기술들에 따르면 외부의 다양한 자극에 뇌의 특정한 부위가 다르게 반응하는 것으로 나타난다. 특별히 놀라운 것은 우리가 어떤 감정, 느낌을 가지느냐에 따라 뇌가 보이는 반응이다. 만약 공포를 느낀다면 뇌의 편도(amygdala), 슬픔은 대상회(cingulate), 시각에는 후두엽(occipital cortex)과 편도(amygdala), 그리고 내측 전전두엽(medial-prefronatl cortex)은 감정의 인지적 통합과 관련이 있는 것으로 나타났다(Luan, 2001). 이것은 우리 심리가 어떤 것을 느끼는가에 따라 신체가 다르게 반응한다는 것을 보여주는 것이다. 즉 마음이라고 할 수 있는 심리와 신체를 딱히 구분지어 나눌 수 없다는 것을 보여 주는 과학적 발견이다. 이 둘이 긴밀히 연결되어 있다는 결과를 말한다. 어디 있는지 알 수 없고 심지어 존재마저 의심스러운 마음과 몸이 밀접히 관련이 있다는 증거들이다.

전통 한의학에서는 이미 마음의 중요성을 알고 있었다. 마음의 상태가 몸의 상태이고 몸의 상태를 통해서 마음을 알아 볼 수 있다고 했다. 이것을 한의학에서는 망진법(望診法)이라고 한다. 이 방법을 통해 병이 발생하기 전부터 진단하고, 심지어 감추고 있는 마음과 생각까지도 읽어 낼 수 있다고 한다. 이것과 관련한 재미있는 일화가 있다.

제나라 때에 전쟁이 있었다. 이때 제나라 환공이 당시 재상이던 관중과 전쟁에 대한 계획을 논의하게 된다. 그러나 막상 공격을 시작도 하기 전에 그 계획이 새나가 버렸다. 이런 상황을 보고 관중은 "(우리의 공격의도를 알아채다니) 적국에 성인이 있는 것이 틀림없습니다"라고 말한다. 아군 중에 첩자가 있다고 믿은 관중은 동곽아를 의심한다. 마침내 관중은 동곽아를 불러, “그대가 우리 계획을 상대에게 알렸나?”라고 추궁한다. 그 질문에 동곽아는 “내가 알려 주었소.”라고 대답했다. 놀란 관중은, “내가 공격에 대해서 아무 것도 그대에게 말하지 않았다. 그런데 어떻게 그것을 알게 된 것인가?”라고 되묻는다. 그러자 동곽아는 “당신이 말하지 않았지만 당신의 얼굴 표정을 보고 공격을 계획하고 있는지 알게 되었소.”라고 답한다(이건호, 2013).

이 일화는 앞선 뇌과학의 예와 일치한다. 이 이야기도 마음이 어떻게 우리 신체에 영향을 미치는지 보여주는 것이기 때문이다. 마음의 상태에 따라 우리 뇌가 반응하고 표정 그리고 행동에까지 영향을 주게 된다. 실체가 없는 것 같은 마음은 분명히 어딘가에 존재한다. 그리고 때로는 우리의 몸을 지배하고 행동과 생각을 결정하기도 하는 무서운 녀석이다.

이 마음이 가진 기능중 하나는 정서, 즉 감정의 흐름에 영향을 미치는 것이다. 이것은 마음이 가진 주된 기능 중에 하나일 것이다. 마치 신체의 여러 기관들이 우리의 생존을 위해 각각의 역할과 기능을 하는 이치와 같다. 심장, 간, 뇌, 뼈 그리고 근육 등이 우리 몸에서 가지는 독특한 기능과 역할을 하는 것처럼 말이다. 마음도 이 여러 장기들처럼 고유한 자기 기능이 있다. 정서, 감정을 담당하는 아주 독특한 기능이다. 첨단 과학과 의학의 눈부신 발전으로 심장과 같은 여러 주요 장기들이 대체 가능한 것으로 여겨지고 있다. 최근에 화두가 된 인공지능 로봇은 인간보다 월등한 지능을 가지고 있다. 과거에는 상상하기 힘든 일이다. 언제부터인가 인간을 대체하는 인공지능 로봇의 이야기를 다룬 영화들이 간간히 나오곤 했다. 급기야 인간을 돕는 수준을 넘어서는 정도까지 간다.

재미있게 본 영화 중에 터미네이터라는 영화가 있다. 그냥 좀 단순하고 액션이 가미된 영화를 좋아하는 개인적 취향이니 이해해 주기를 바란다. 이 시리즈 영화의 맨 첫 번째를 본 것이 중학교 때였던 것으로 기억한다. 그 당시 대부분의 영화는 주인공과 악당이 싸우다 누군가 죽으면 끝이 났다. 주인공이 죽을 수는 없으니까 결국 악당이 죽는다. 당연한 결과다. 그런데 이 영화는 그전 것들과는 다르게 특이했다. 악당이 이제는 죽었다고 생각했는데 계속 살아났다. 예상을 깬 그런 전개였다. 죽지 않고 계속 살아나니까 나중에는 그 악당을 보기만 해도 무서울 지경이었다.

또 한 가지 특이한 점은 인간과 로봇의 대결을 다룬 것이었다. 요즘은 인공로봇이 별 감흥이 없이 사용되지만 그 당시만 해도 흔치 않은 주제였다. 적어도 내 기억에 그 당시 한국은 그랬다. 주인공을 죽이려는 그 악당 로봇은 사실 사람에 의해 개발된 것이었다. 인간을 도우려는 순수한 목적을 가지고 있었다. 그러나 이들은 스스로의 진화를 거듭해서 결국 인류를 멸종시키고 로봇이 지배하는 세상을 만드는 데까지 발전해 간 것이다. 터미네이터라고 불리는 그 로봇은 미래에서 온 살인로봇이다. 로봇의 최대 적이 될 아이의 부모를 죽이려고 미래에서 인공지능 컴퓨터에 의해 보내진 살인기계였다.

정말 재미있게 봤던 영환데, 그 당시 그냥 그건 영화였다. '설마 그런 일이 있겠어?' 하면서 봤다. 그런데 요즘은 그게 어쩌면 가능하겠다는 생각도 든다. 워낙 인공지능 로봇 기술이 빠르게 발전하고 있기 때문이다. 움직임뿐 아니라 수학 능력, 정보처리 능력은 인간보다 훨씬 탁월하다는 말로도 부족하다. 얼마 전 인공지능 컴퓨터와 바둑을 둔 한국 최고의 기사가 연속해서 패한 일은 모두에게 충격이었다. 한 판을 이기긴 했지만 그렇게까지 속수무책으로 당하리라고는 아무도 예상하지 못한 듯했다. 대국을 거듭할수록 '과연 지겠어?'라는 질문이 '과연 한판이라도 이길 수 있을까?'라는 자조적 질문으로 바뀌어 갔다. 놀랍다는 말보다 사실 두렵다는 표현이 더 정확해 보이는 결과였다. 이 일이 벌어지기 전에는 이 정도까지를 기대하지 않았다. 충격 속에 모두들 이 인공지능의 기술이 무엇인지 다시 한 번 관심을 갖게 된 기회였다. 앞으로 어디까지 이것들이 발전하고 인간의 역할을 대체할 것인가에 대한 궁금증과 두려움에서이다. 모두들 그것에 대한 긍정적인 면과 부정적인 면을 말하지만 알 수 없다. 정확히 앞으로 어떤 일들이 일어날지 예측할 수도 없다는 게 더 두렵다.

그런데 이런 인공지능 로봇이 우리 인간과 비교해서 한 가지 부족한 것이 있다. 인공지능 로봇과 인간을 구분해주는 차이점이라고 할 수 있다. 그리고 이 차이를 극복하는 것이 상당한 시간이 걸릴 것이라고 말한다. 이것은 정서적으로 교감하는 능력이다. 기쁘거나 슬픈 감정을 나누는 감정적 정서 교류의 능력을 말한다. 이런 능력들은 어떤 문자나 상징적 기호로 이해되고 전달되는 기계적 상호작용 방법이 아니다. 오랜 시간 관계를 통해 서로만이 알 수 있는 그런 소통의 능력과 관련이 있다. 걷는 것, 말하는 톤, 낯빛이라고 하는 얼굴표정과 색깔, 눈동자의 시선 등등. 갖가지로 표현되는 소통과 표현의 방법들 말이다. 그리고 이 모든 것들을 통해 전달되는 정서들을 말한다. 이것들은 정확히 말하면 인간이 가진 마음의 기능이다. 인간이 인공지능 로봇과 가장 구별되는 특징 중에 하나는 바로 이 마음의 존재이다.

심장이나 허파, 간을 이식하고 만들어 심을 수 있다. 인공지능 로봇이 궁극적으로 발전하면 인간의 실제 모습과 거의 구분하기 어려울지 모른다. 우리가 가진 모든 것들을 새로 만들어 대체할 정도가 될게 분명해 보이기 때문이다. 그러나 마음은 다른 영역이다. 간이나 허파, 심장처럼 어딘가에 있는 유형적 실체가 아니기 때문이다. 만들 수 없다. 그것은 발생하는 것이다. 우리가 성장하면서 어딘가에 심겨지고 조금씩 자라난다. 그러나 보이지 않는 것. 이 마음은 실재하는 것 같지 않지만, 분명히 존재한다. 그리고 다른 장기들처럼 인위적으로 만들어 낼 수 없는 인간만이 가진 고유한 존재이고 영역이다.

▶ 같이 있고 싶은 사람, 같이 있기 싫은 사람

여러 가지 이유로 사람들을 자주 만난다. 사람들을 만나고 헤어지면 그 후 느낌들이 남는다. 그러다 보니 한 가지 습관이 생겼다. 만남과 그 후의 느낌들을 나름대로 정리하는 것이다. 이런 습관이 좋은 점은 불필요한 만남을 좀 자제할 수 있게 해준다는 것이다. 사회적 관계를 위해 해야만 하는 어쩔 수 없는 만남이나 일관계로 만나는 것들을 말하는 것은 아니다. 그런 공적이고 업무적인 것이 아닌 개인적 만남을 말한다. 선택의 여지가 없이 누군가를 봐야 하는 경우와 달리 개인적 만남은 어느 정도 피할 수도 있고 조절할 수 있는 여유가 있다. 이런 경우에는 대부분이 만남 자체가 목적이 된다. 보는 게 좋고 함께 있으면 서로 위안이 되기 때문이다. 그런데 나이가 들어갈수록 이런 만남을 갖기가 쉽지 않다는 것을 알게 되었다. 서로 바쁘기도 하고 그 만큼 신경 써야 할 일들이 많기 때문이다. 그래서 오히려 그런 만남과 느낌들을 정리하는 일들이 수월해지기도 하고 필요하게 되었다. 만남을 정리하는 습관이라고 했는데 뭐 대단한 것은 아니다.

'만나고 나면 즐거운 사람', '만나고 나면 힘든 사람'

이 두 가지 유형에 그 사람과 느낌을 정리해 둔다. 이런 습관을 가지게 된 건 아마도 나이를 먹어서 좀 신중해진 이유도 있지만 상담을 공부한 것이 큰 원인이지 않나 싶다. 모든 만남이 나한테는 그냥 예사롭지 않기 때문이다. 만나서 즐거운 사람은 즐거운 대로, 그 반대로 힘든 사람은 힘든 사람대로 어떤 이유가 있다고 믿는다. 그리고 나는 그 만남을 잘 기억하고 있다가 다음에 만날 때 준비할 시간이 필요하다. 이런 느낌을 갖게 하는 만남이 다 다른 이유가 있을 거라고 생각한다. 모두가 삶을 살아가는 이유가 다르고 그 표현법도 제각각이기 때문이다. 그런데 솔직하게 말해서 두 만남 중에 어느 하나를 골라야 한다면 나는 즐거운 만남 쪽을 선택하고 싶다. 아무래도 만나서 힘든 사람보다 즐거운 사람이 훨씬 덜 부담스럽기 때문이다.

만나서 즐거운 느낌을 주는 사람을 선호하는 것이 나만의 편견은 아니라고 생각한다. 아마 어느 누구도 만나서 기분 나쁜 사람을 계속 만나고 싶지 않을 것이다. 만약 그런 사람이 있다면 그들만의 '독특한 취향'이니 뭐라고 할 생각은 없다. 그래도 나는 만나서 기분 좋고 즐거운 사람이 좋다.

만남 후 기분 좋은 느낌을 주는 것은 아마도 헤어진 후의 여운이라고 생각한다. 어떤 사람은 만나면 기분이 좋고 헤어지고 나서도 여운이 남는다. 다시 만나고 싶고 만날 때마다 즐겁고 유쾌하다. 만나는 것 자체가 힘이 되고 에너지가 충전되는 느낌이다. 연애를 하는 것도 아닌데 어떤 때는 아내하고 같이 있는 것보다 더 좋은 경우도 있다. 물론 다른 느낌이긴 하지만 말이다. 만나서 차 한 잔 마시고 이런 저런 이야기를 하면 뭔가 새롭게 배우기도 하고 도전이 되기도 한다. 든든하기도 하며 지지받는다는 느낌도 들고 실없는 농담을 하면서 같이 실실 웃다가 스트레스가 풀리는 기분 좋은 사람 말이다.

반대되는 느낌을 갖게 하는 사람도 있다. 만나는 것 자체가 별로 유쾌하지 않다. 기대는 말할 것도 없고 설렘도 없다. 만날 때마다 빨리 빠져나가기 위해 핑계를 생각해 내기 바쁘다. 만나자 마자 벌써 몸은 반절정도 자리를 떠나 있는 경우가 있다. 만남 자체가 좀 힘들다.

어떤 경우에는 한 사람이 여럿이 모인 전체 분위기를 '확' 바꾸어 놓기도 한다. 분위기가 '축축하게' 가라 앉아 있다가도 그 사람만 나타나면 언제 그랬냐는 식으로 변하기도 한다. 모두들 그 사람만 기다리고 어떤 모임이든지 데려가려고 한다. 이 경우도 반대는 물론 있다. 어떤 사람은 전혀 그렇지 않은 경우다. 오면 부담스럽고 즐겁다가도 모두 그 사람 눈치를 봐야 할 정도로 분위기가 바뀌어져 버린다. 참 당황스러운 상황이다. 이 글을 쓰면서도 이런 경우에 해당하는 몇몇 사건과 사람들이 기억난다. 왜 그럴까? 왜 누구는 기분 좋은 사람, 누구는 기분 나쁜 사람인가? 나는 어느 쪽인가? 당신은 어느 쪽인가?

▶ 정서의 통

수업을 하거나 강연을 할 때 가끔 호르몬 이야기를 한다. 내용은 남성성과 여성성을 이야기 하는 것인데 너무 지나친 성에 대한 강조는 이롭지 못하다는 주제다. 여성과 남성을 가르는 기준이 호르몬이라고 단순히 이야기 하면 우리 각자에게는 타고난 호르몬이 있다. 남성은 남성 호르몬, 여성은 여성 호르몬을 가지고 있다는 말이다. 물론 남녀를 불문하고 이 두 호르몬을 조금씩 가지고 태어난다. 여성이라고 해서 남성 호르몬이 없는 것이 아니고 남성이라고 남성 호르몬만이 있는 것은 아니다. 단지 차이는 남성은 남성 호르몬이 여성에 비해서 좀 더 많다는 의미다.

하고 싶은 말은, 우리가 태어날 때 이 호르몬이 각자에게 어느 정도 정해져 있다는 사실이다. 우리가 평생 살면서 쓸 수 있는 양이 각 개인마다 한정되어 있다. 정도의 차이는 있지만 각자 고유하게 사용할 수 있는 호르몬의 양이 정해져 있기 때문에 다 사용해 버리면 더 이상 만들어지지 않는다. 그래서 너무 일찍 이 호르몬을 다 사용해 버리면 여성은 남성화, 남성은 여성화가 급격히 진행된다. 이 호르몬 사용이 다 됐다는 표시는 여성은 급격히 '남성화' 되어 가고 남성은 눈에 띄게 '여성화'가 되가는 것이다. 갱년기를 지나면서 우리가 겪게 되는 일반적인 모습들이다. 이 증상들은 육체적으로 또는 심리적으로 나타날 수 있다. 육체적으로 나타나면 여성은 남성처럼 목소리가 굵어진다든지 수염이 난다든지 하는 대표적 남성형의 모습으로 변해 간다. 여성 호르몬이 줄어든 탓이다. 반대 현상이 남성에게도 나타날 수 있다. 특별히 괄괄하고 무뚝뚝하기만 했던 사람이 여성스러워진다. 갑자기 감성적이 되거나 드라마를 보면서 울기도 한다. 남성 호르몬이 차고 넘칠 땐 흔히 볼 수 없는 모습이다.

이런 것들이 여성적인 거냐고 뭐라고 할 사람들이 있겠지만 아무튼 변한다. 나이든 분들이나 오랫동안 같이 사신 부부들을 지켜보면 이 말이 어느 정도 사실처럼 느껴진다. 이런 분들을 보면 여성분이나 남성분이나 외모적으로는 그렇게 차이가 없어 보일 때가 있다. 유일하게 그분들을 구분할 수 있는 게 입고 계신 옷, 그리고 얇은 화장 정도다. 할머니는 치마를 할아버지를 바지를 입고 계신 건데 만약 할머니가 바지를 입고 계시면 그마저 쉽지 않은 경우도 있다. 이 호르몬 이야기는 물론 과학적 검증이 필요한 내용인데, 이게 아마 융이 말하는 '통합'이 아닐까 싶다. 양 극단의 합일, 진정한 성숙이 일어나는 '대극의 합일(Fusion of Horizon)' 말이다(이부영, 1998).

이 호르몬처럼 우리 각자에게는 주어진 '통'이 있다. 이 통은 감정, 스트레스 같은 정서들을 다루는 통이다. 이 통이 큰 사람은 감정, 스트레스 같은 내용을 다루는 용량이 크다고 말할 수 있다. 어지간한 정서적 문제에 큰 타격을 받지 않는다. 스트레스를 많이 받는 상황에서도 비교적 잘 견뎌낸다. 큰 용량의 통을 가지고 있기 때문이다. 반대로 조그만 일에도 우울해지고, 스트레스 상황을 잘 견뎌내지 못하는 사람도 있다. 불행히도 이런 사람들은 작은 용량의 통을 가지고 있기 때문이다. 용량을 크게 만들려고 여러 가지 노력을 할 수 있겠지만 한계가 있다고 본다. 자동차나 오토바이 엔진을 바꾸듯이 돈만 좀 들이면 되는 게 아니기 때문이다. 이 용량은 선천적으로 타고나는 것 같다. 가지고 태어나는 호르몬 양처럼 말이다. 한번 가지고 태어나면 평생을 그대로 가는 것 같다. 물론 환경의 영향, 여러 가지 경험 그리고 훈련을 통해서 어느 정도 크게 할 수 있을지 몰라도 한계는 분명해 보인다.

문제는 크기도 중요하지만 용량이 크다고 '무한정'일 수는 없다. 조그만 용량의 통처럼 큰 통도 마구 사용하다 보면 결국 바닥이 드러날 수 있기 때문이다. 끝이 없다고 믿고 계속해서 사용할 수 없다. 용량의 한계를 알고 조심히 아껴서 잘 사용해야 한다. 문제는 이 통의 소비를 급격하게 가속시키는 요인들이 있다. 차가 가속도를 내거나 언덕길을 오를 때 연료를 많이 사용하게 되는 원리와 같다. 이 통의 용량을 급격히 줄일 수 있는 사건들 말이다. 예를 들어, 갑작스런 환경의 변화 같은 것들이다. 누군가 사랑하는 사람이 죽거나 병에 걸리는 경우일 수 있다. 갑자기 실직하거나 직장을 떠나야 하는 경우, 다른 지역으로 이사를 하거나 뭔가 새로운 환경에서 살아가야 할 때도 마찬가지다. 매 시각 새로운 환경에 적응해야 하는 사람들은 성장하면서도 어려움을 겪는다. 이런 유의 문제들은 다른 것들에 비해 훨씬 더 많은 에너지가 필요한 일이다.

외국에서 공부하던 때 이야기다. 그 당시 외국인 신분으로 영어권 학교에서 공부하는 학생들을 위해 논문을 수정해 주시던 분이 계셨다. 학생들이 가져온 숙제의 문법이나 표현법 같은 것들을 손봐주셨다. 현직에서 은퇴한 후 순전히 자원봉사로 그 일을 하셨다. 학교 차원에서 신입생이나 외국 학생들을 위해 문법이나 작문을 교육해 주는 곳이 있긴 했다. 그런데 사람도 너무 많고 돈 받고 하는 사람들이라 필요이상을 하려고 하지 않았다. 시간이 되면 내용에 관계없이 무조건 끝내려고만 해서 급할 때 아니면 잘 가지 않았다. 지금 생각해 보면 그게 당연한 건데, 급한 마음에 너무 기대를 많이 한 내 탓도 있다.

대신 이분은 약속 잡기도 어렵지 않고 그리고 시간 외에 더 많은 것을 기꺼이 해 주셨다. 70이 넘으셨는데, 언젠가 논문 수정을 끝내고 본인의 과거 이야기를 할 기회를 갖게 되었다. 그 분이 말씀하시기를 요즘은 너무 세상이 빨리 변해서 따라 잡기가 힘들다고 하셨다. 그러시면서 본인이 어린 나이 때 겪었던 일화를 말씀해 주셨다. 처음 공중전화기가 나와서 막 보급되던 시기였다고 한다. 지금처럼 새로운 스마트폰이 나와서 막 쓰기 시작하던 것처럼 말이다. 그 분이 그때 나이로 중, 고등학교 시절이었다고 한다. 어느 날 길을 가다가 지금 본인 연세 비슷한 노인이 공중전화기 앞에서 서성거리시는 걸 보시게 되었다. 뭔가 도움이 필요하신 것 같아서 다가가셨다고 한다. 알고 보니 그 앞에서 서성거리신 이유가 전화를 하려고 하는데 사용법이 익숙지 않아서였다고 한다. 누군가 도움을 얻을 곳이 없나 하던 순간에 마침 이 분을 만난 것이다. 나이가 많았던 노인은 그 당시만 해도 '최첨단 기술'인 전화기가 익숙지 않았다. 어려서 뭐든지 금방 익히는 한창 젊었던 이 분이 노인의 이야기를 듣고 친절하게 전화사용법을 알려 드렸다고 한다. 그런데 요즘 자꾸 그때가 생각난다고 하셨다. 새로 나오는 핸드폰 사용에 어려움을 겪고 있는 자신의 모습에 전화기 앞에 서 계시던 그 노인이 자꾸 겹쳐져 보인다고 하셨다.

시대는 빠르게 변해 가고 우리는 그 변화를 따라 잡아야 하는 상황에 매순간 처한다. 누구처럼 시대를 앞서 가기는커녕 너무 빨리 변해서 따라가기도 벅차다. 어쩌면 이 모든 것들이 우리가 가진 통에 담긴 내용물을 소비하는 일이다. 나이든 사람들은 그들대로 어려움 있듯이 젊으면 젊은 대로 각각의 처지와 환경에 따라 통을 사용해야 한다.

이 통의 내용물을 소비하게 하는 또 다른 큰 원인 중에 하나는 경제적인 것들일 수도 있다. 돈이 많지 않아 모든 것들이 제약을 받는 경우다. 경제적으로 넉넉하지 못해 갖지 못하고 누리지 못하는 상황 같은 것들 말이다. 이런 것들은 통계로도 확인된다. 예를 들어, 결혼만족도나 이혼율의 영향을 미치는 것도 재정적인 이유가 있다. 경제적으로 풍족하지 못한 부부는 결혼만족도도 훨씬 떨어지고 위기 상황에서 이혼율도 그렇지 않은 부부보다 높은 것으로 나타났다(McKinney & Renk, 2008). 또 정치적 이유로 다툼이 생기거나, 세대 간의 갈등, 좌절 경험 같은 것들이 우리가 가진 통의 내용물을 비우게 만드는 일들이다. 우리의 삶은 차이만 있을 뿐 누구나 이 통을 소비하면서 살아가게 되어 있다. 약간의 정도만 다를 뿐 아이는 아이대로 어른은 어른대로 성장하고 늙어가면서 겪는 어려움들이 있다. 이 모든 것들이 이 통의 소비요인들이다.

이 중에서도 압도적으로 통의 소비를 가져오는 일을 뽑으라면 그것은 '관계'에서 발생하는 일들이다. 사람과 사람사이에서 벌어지는 일들을 의미한다. 사람과의 관계를 가지면서 겪게 되는 여러 가지 일들이 우리가 가진 통의 주요 소비원이 될 수 있다.

▶ 감정의 전염

앞서 망진법 이야기를 좀 더 이어가 보자. 한의학에서 말하는 이 망진법이라는 건 기본적으로 우리 마음상태에 따라 몸이 반응한다고 믿는 것이다. 몸과 마음은 서로 연결되어 있기 때문이다. 마음 상태가 영향을 미치기 때문에 우리 몸은 어떤 형태로든 이에 반응하게 되어 있다. 마음이 기쁘거나 슬프면 그 사람의 얼굴을 통해 우리는 그 감정을 느낄 수 있다. 숨기려 해도 쉽지 않다. 심지어 이런 감정들은 인접한 다른 것에도 전염이 된다.

몇 년 전에 큰 대로변에 있었던 일이다. 차들과 사람이 많이 다니는 곳이었다. 여러 개의 신호가 얽혀 있고 복잡하게 그어진 교차선을 따라 차들과 사람들이 움직이는 장소였다. 그곳에서 노란 신호등을 미처 보지 못한 차가 큰 교차로 길을 무리하게 지나다 그만 빨간 신호등에 걸리고 말았다. 그 차가 갑자기 교차로 한복판에 멈춰 서 버렸다. 그렇게 급정거를 한 이유는 마침 맞은 편에 신호위반 차량들을 잡고 있는 경찰을 발견했기 때문이었다. 순간 당황한 운전자가 교차로 한복판에 경찰을 보고 멈춰 서 버린 것이다. 경찰은 손짓으로 그 차를 불렀다. 이러지도 저러지도 못하고 차가 머뭇거렸다. 가야 될지 말아야 될지 망설이듯이 잠시 아무 움직임도 없던 차가 경찰의 손짓에 따라 천천히 움직였다. 그런 차를 경찰은 작은 아이 타이르듯이 곁길로 인도해 갔다. 나쁜 짓하다 들킨 초등학교 아이를 불러 세우는 선생님과 아이 같았다. 차 안을 볼 수는 없었지만 그 안에 운전자가 어떤 모습인지 상상이 되었다. 재미있는 건 운전자의 마음을 마치 차가 느끼는 것 같았다. 정서를 전혀 느낄 수 없는 쇳덩어리 차인데도 어쩔 줄 몰라 당황하고 겁먹은 모습을 하고 있는 것처럼 보였기 때문이다. 사람들은 큰 대로변에서 벌어지고 있는 이 우스꽝스러운 모습을 보면서 재미있어 했다.

이 광경이 한의학에서 말하는 망진법과 관련되어 느껴진다면 지나친 생각일 수도 있다. 신호를 위반한 운전자가 경찰차를 발견하고 당황한 나머지 큰 교차로 한복판에 차를 세우고 말았다. 경찰의 손짓을 따라 움직이는 차는 단순한 차가 아니었다. 차의 움직임만 보고도 사람들은 운전자의 감정을 알고 있는 것 같았다. 운전자가 가진 마음, 정서적 상태가 단순한 쇳덩이에 불과한 차를 통해서 그대로 전해졌기 때문이다. 그리고 그 차를 통해 운전자의 감정이 그 광경을 지켜보던 모두에게 전달되었다. 그 곳에 있던 수많은 사람들은 예외 없이 운전자가 느끼는 그 감정을 느낄 수 있었다고 믿는다. 감정이 전달되고 전염이 된 것이다.

이런 비슷한 상황을 쉽게 발견할 수 있는 장면은 스포츠 현장이다. 수많은 관중이 모인 경기장에 가보면 운동선수와 경기를 응원하는 관중들이 하나의 감정으로 묶여 있는 것을 금방 알아차릴 수 있다. 이때 어떤 감정으로 하나 되느냐에 따라 경기력이 상당히 영향을 받는다. 그래서 중계를 하는 해설자는 '경기의 흐름'을 타는 것이 중요하다고 말하는지 모른다. 이 흐름을 타게 되면 승리할 가능성이 많기 때문이다. 이 경기의 흐름을 타라는 말은 감정의 흐름을 타라는 말과 다르지 않다. 긍정적 감정의 흐름, 이길 수 있다는 자신감의 감정 등을 말한다. 특별히 팀 경기를 할 경우 감독이 교체 순간에 누구를 투입하느냐도 중요하다. 한 사람이 모든 팀 전체의 분위기를 바꾸어 버릴 수 있기 때문이다. 한 팀이 승리할 수 있다는 자신감과 긍정적인 감정은 그 경기를 지켜보는 모든 관중들의 감정을 흔들어 놓는다. 이렇게 팀과 수많은 관중들은 하나의 감정으로 묶여진다.

이런 일치된 감정을 경험하게 되는 경기는 엄청난 매력이 있다. 경기장 안에서 느끼는 그 순간의 감정을 관중들은 다시 한 번 느끼기 위해 경기장을 찾는다. 경기장 밖 모든 것을 한 순간에 날려버릴 무언가를 주기 때문이다. 한 번도 만나 본 적 없는 수많은 사람들이 같은 유니폼을 입고 한 팀을 응원한다는 이유로 친구가 되고 든든한 아군이 된다. 경기장 밖에서는 쉽게 느껴볼 수 없는 '소속감', '동지애'를 체험하는 순간들이다. 경기장 안의 분위기는 혼자가 아니라 '우리'라는 의식을 갖게 해 준다. 똑같은 감정으로 하나가 되어 팀의 승리에 따라 울기도 하고 웃기도 한다. 상당한 결속감이다. 같이 공유할 감정들이 있기 때문에 가능한 일이다.

▶ '척' 셀프(Pretended Self)

이런 이유로 주변에 어떤 사람들이 있느냐가 중요하다. 아시아권 특히 한국처럼 가족, 집단 중심의 문화에서는 나를 둘러싼 주변 사람들이 중요하다. 서로 간에 주고받는 영향이 엄청나기 때문이다. 주변 사람이 밝고 건강하면서 지지적이면 그 기운이 전체에 영향을 미친다. 그 기운과 행동을 읽은 사람들이 그에 따라서 반응하기 때문이다. 이런 사람들이 주위에 많으면 우리가 가진 정서의 통을 무리해서 사용할 필요가 없다. 오히려 이들 때문에 어떤 경우는 통이 채워지는 느낌을 가질 수 있다. 그래서 사회적으로 이런 사람들을 조직에 두려 하고 이들의 특징이 장려되는지도 모른다. 흔히 그런 능력이나 자질을 가진 사람이 인기도 많고 서로 같이 있으려고 하는 일이 일어날 수도 있다. 있으면 기분도 좋아지고 전체적으로 활력을 주기 때문이다. 있으면 뭔가 시원하게 해주는 사람들이라고 할까...! 이런 특성을 가지고 있다면 사회 생활하는데 도움이 되면 됐지 나쁠 것 같지 않다.

이런 것들이 사회적 흐름이 되는지 모르겠지만 대체로 전체 분위기를 밝고 활기차게 만드는 사람들을 원하는 것 같다. 같이 있으면 기분 좋은 사람이 같은 값이면 훨씬 낫기 때문이다. 슬프고 우울한 사람은 그렇지 않은 사람보다 대하기가 쉽지 않다. 그런 사람을 만나면 우리 통의 용량을 지나치게 소비하게 되기 때문이다.

사회적으로 용납되는 태도를 가진 사람들이라는 말로 이와 같은 상황을 묘사할 수 있다. 조직의 흐름, 분위기, 또는 생산성을 높일 수 있는 자질과 특성을 장려하는 현상 말이다. 그래서 어떤 성격 특성, 또는 자세는 권장되고 그렇지 않은 것들은 버려지도록 훈련받는다. 어릴 적부터 이런 일들을 비일비재하게 경험하게 된다. 아이들이 자주 듣던 말 '쪼그만 게 왜 인상을 쓰고 그래', '울지 말고 뚝 그쳐', '울려면 니 방에 들어가' 같은 것들이다. 부모님들이 일상으로 아이들에게 이렇게 이야기 한다. 이런 일들이 지속이 되면 의식적이든 무의식적이든 아이들은 자기감정을 솔직히 드러내지 못하게 된다. 부모님을 편하게 하지 못한다는 것을 배우기 때문이다. 스스로 감정을 정리해서 내어보이게 된다. 좀 심해지면 흔히 말하는 '눈치 빠른 아이'가 될 수도 있다.

자녀 교육에 있어서 여러 가지 중요한 요소들이 있다. 한참 성장기에 있는 아이들은 필요에 따라 잘 먹이고 입혀야 한다. 정서적으로 충분한 지지도 이에 못지않게 중요하다. 잘한다고, 이쁘다고 해주고 사랑한다고 계속해서 말해주어야 한다. 그리고 실제로 그걸 느낄 수 있도록 해 주는 것이 중요하다. 때로는 적절한 자극도 필요하다. 새로운 환경에 노출시켜서 다양한 경험을 하게 하는 것도 지능과 정서 발달에 도움이 된다. 관계 훈련도 필요하다. 그래야 더 큰 사회에 나가서 좋은 관계를 맺을 수 있기 때문이다. 어쩌면 자녀 교육은 모든 것들이 적절하게 조화를 이루어야 하는 종합적인 양육 과정이다. 어떤 하나만 많이 주어져서 안 된다. 무조건 많이 먹이기만 해서 덩치가 커지고 양육 상태가 좋다고 해서 그 아이가 잘 자랐다고 할 수 없듯이 말이다.

자녀양육에 있어 중요한 한 가지를 꼽으라고 한다면 '일관성(Consistency)'을 말하고 싶다. 이것은 어른들이 아이들을 대할 때 '외부 상황, 환경에 영향을 받지 않고 일정한 상태를 유지하는 것'을 의미한다. 아이들에게 부모는 '세상을 배울 수 있는 최초의 대상'이다. 이 대상이 일관성을 유지하지 않으면 아이들은 혼란스럽다. 힘들고 어려울 때 아이들에게 부모는 언제나 거기에 있는 든든한 산과 같은 존재다. 아이들이 무언가를 새롭게 경험하고 도전할 수 있는 것은 그 부모가 뒤에 있기 때문이다. 부모는 힘들면 돌아가서 언제나 위안을 얻을 수 있는 안전한 산과 같은 존재들이다. 언제나 거기 있는 산이라는 부모. 이런 부모를 갖게 되면 성장한 후 가족을 떠나가도 아이들은 언제나 산 같은 그들을 생각하고 힘을 낼 수 있다. 든든한 산과 같은 부모 이미지를 갖게 해 주는 것이 바로 일관성이다. 눈이 오나 비가 오나 언제나 변함없이 그곳에 있어 주는 부모 말이다.

그런데 어떤 부모는 이런 산과 같은 역할을 하지 못하는 경우가 있다. 좋을 때는 한없이 좋다가 어느 날 갑자기 확 변하는 부모들 말이다. 사랑한다고 말하면서 자기 기분에 따라 사랑하는 방법이 수시로 변한다. 자기 기분, 환경, 상황에 따라 사랑하는 것 같기도 하고 그렇지 않은 것 같기도 하다. 만약 상황, 환경에 따라 부모가 아이를 대하는 방법이 변한다고 생각해 보자. 아이들이 과연 그런 부모를 믿을 수 있을까? 부모를 믿지 못하는 아이들이 세상을 믿을 만한 곳이라고 여길 가능성은 그렇게 많지 않다(Seamans, 1981).

대학을 편입해서 마지막 학기를 남겨둔 학생을 상담하게 되었다. 시작부터 이 친구의 허세가 대단했다. 자기 아버지의 직업이 어떻다는 것부터 시작해서 자기 가족에 대해서 한참 이야기 한다. 결론은 자기 가족이 얼마나 대단한가에 초점이 맞춰져 있다. 내가 묻지도 않은 내용들이다. 가족 이야기가 끝나자 자기가 타고 다니는 차부터 혼자 살고 있는 집, 그리고 여행을 얼마나 많이 다녔는지 이야기하기 시작한다. 대학도 졸업하지 않은 어린 나이에 돈 씀씀이가 놀랍다. 나는 그런 경험을 해 본 적이 많지 않기 때문이다. 한참을 자기 자랑을 한다. 이야기를 들으면서 '이 친구가 나를 믿지 못하는 구나'하는 생각이 들었다. 진짜 자기를 드러냈을 경우에 내가 어떤 반응을 보일지 믿지 못하기 때문에 주변적인 저런 이야기를 해 대는 것 같았다. 그것도 화려해 보이는 그런 것들만을 말이다. 주변적인 이야기들을 하면서 '자기를 대단하게 포장하고 나를 주눅 들게' 하려는 생각이었는지 모른다. 그러다 다행히 그 친구는 나를 믿게 된 것 같았다. 신뢰가 좀 쌓였는지 좀 더 깊은 이야기를 털어놓기 시작했다. 사회적으로 성공한 아버지와 명문대를 졸업한 형들 사이에서 자기가 얼마나 열등감을 갖고 살게 되었는지 말이다. 초반 그렇게 당당하고 자신 있던 얼굴과 표정은 간곳이 없었다. 자기 자신에 대한 실망, 분노, 그리고 가족에 대한 복잡한 감정들을 쏟아놓기 시작했다.

자신의 진짜 감정을 드러낸다는 것은 주변 환경에 대한 자신감과 신뢰를 가지고 있지 않으면 쉽지 않은 일이다. 만약 주변에 대한 신뢰가 없고 믿지 못하면 잘 선택하는 방법이 주변이 원하는 것들, 허용되는 감정들만을 드러낸다. 때로는 주위 사람들이 자신에게 원하는 것들을 더 발달시키고 자기 감정을 무시해 버린다. 더 밝은 척하고 더 기쁜 척, 더 만족 한 척, 더 사랑하는 척 한다. 이른바 '척 셀프'가 발달하기 시작한다. 어른들이 아이한테 '너는 안 웃고 있으면 화난 거 같아. 좀 웃어 봐. 그래 웃으니까 얼마나 이뻐. 계속 그렇게 웃어. 좋잖아'라고 말한다. 아이는 영문도 모르고 그렇다고 하니까 억지로 웃는다. 사실 웃는 게 아닌데 억지로 웃는 척 하는 건데... 그러다 보니 그게 습관이 돼 버려서 사람만 모이는 곳에 가면 그냥 항상 웃고 기쁜 척 한다. 사실은 그렇지 않은데 습관이 되어 버렸기 때문이다. 자기 본성과 다른 이런 행동들은 엄청난 에너지를 소비하게 한다. 이런 사람들은 외부사람 만나는 것이 피곤한 일이다. 집에 돌아오면 너무 지쳐서 아무것도 할 수 없을 정도가 된다. 자기 것이 아닌 옷을 입고 살아야 했기 때문이다.

더 무서운 건 척 셀프가 강하게 발달할 때의 결과들이다. 이게 강하게 발달하면 진짜 그 자체를 자신의 것으로 믿어버리게 된다. 자기 본성은 그게 아닌데 진짜 표면적 자기 자신을 원래 자기로 받아들이게 된다. 이런 위험에 빠질 가능성이 높은 사람들은 아마도 외부 노출이 많은 공인들이지 않나 싶다(김해영, 2018).

한때 젊은 나이에 가요계에 입문하면서 선풍적인 인기를 끈 가수가 있다. 여성임에도 남성적 매력을 가진 외모에 노래 자체도 너무 획기적이었다. 춤추며 노래하는 모습이 여성이지만 전혀 여성적이지 않은 노래 방식, 말투 모든 것들이 당시에 큰 반향을 일으켰다. 누가 봐도 외향적인 성격에 밝고 활달한 성격, 거침없고 걱정 없을 것 같은 모습이었다. 요즘 말로 하면 '쿨'하게 말하는 모습 등이 그때만 해도 흔치 않았다. 그런데 몇 년간 여러 방송을 출연하며 엄청 인기를 누리던 그녀가 갑자기 보이지 않았다. 외국으로 유학을 갔다는 말 등 간간히 소식이 들리긴 했지만 정확히 무엇을 하고 있는지는 알 수 없었다. 세월이 한참 지난 후 나이 지긋한 중년이 된 모습을 보게 되었다. 그러나 이전 그 모습은 찾아보기 힘들었다. 차분하고 조용한 것이 과거 외향적이고 남성적인 모습이 있었나 싶을 정도였다. 우연히 그녀가 콘서트를 하는 장소에 가게 되었다. 과거 그녀가 하던 노래들이 아니었다. 노래 자체가 변해 있었다. 뭔가 깊이 생각하게 하고 사색해야 하는 감성적 노래들을 불렀다. 십수 년 세월을 지나 마주하게 된 지금의 이미지와 젊을 때 그 가수의 모습은 전혀 달랐다. 공연 막바지에 관중들이 신청곡을 연호하기 시작했다. 관중들의 요구에 대한 그녀의 반응을 보면서 무슨 일이 일어났는지 조금은 눈치를 챌 수 있게 됐다. 공연 마지막이 가까워지자 관중들은 어쩌면 그녀의 대표곡이라고 할 수 있는 곡을 불러주기를 바랬다. 관중들이 소리치며 한 목소리로 그 곡의 제목을 외치기 시작했다. 그녀의 반응이 의외였다. 그 곡을 요청하는 관중들을 향해 대수롭지 않은 듯 '그

곡은 철없을 때 불렀던 곡이구요'라고 말했다. 그리고 관중들의 적극적인 요청에도 불구하고 끝내 그 곡을 부르지 않았다.

그녀가 옳다. 아마도 그녀는 누구보다 더 그런 경험을 강하게 했을 거라고 본다. 어린 나이에 대중에게 노출된 그녀는 자신의 본성을 드러내고 행동하는 것이 쉽지 않았을 거다. 한번 대중에 노출된 자신의 모습은 밝고, 쿨하고, 걱정 없이 언제나 웃는 생기어린 얼굴이어야만 했다. 외향적 성격에 뒤끝 없어 보이는 모습을 대중은 원했고 그녀는 거기에 반응했다. 그런 대중의 기대에 부응해서 행동하고 반응하면서 척 셀프를 가지고 살아가야 했을 거라고 느껴진다. 대중들은 그런 그녀를 보면서 만족하고 잠시 힘들기만 한 현실을 잊었을 수 있었을 것이다. 연예인으로 자신의 역할을 충실히 했지만 정작 그녀는 얼마나 힘들었을까 하는 생각이 든다. 결국 내면의 어떤 소리가 그녀를 멈추게 하고 갑자기 사라지게 했을 거라고 본다. 그러나 사라진 것이 아니고 그녀는 자신의 소리를 듣고 진짜 자기를 찾아 가는데 시간을 가졌다고 생각된다. 그리고 대중의 기대에 부응한 척 셀프가 아니라 진짜 자기를 가지고 우리 앞에 다시 나타난 것이다. 그녀가 문제가 아니라 과거의 그녀를 기억하고 다시 그곳에 옭아매려고 하는 우리가 문제다.

▶ 긍정적 감정, 부정적 감정

모르긴 해도 모두들 일반적으로 누구나 같이 있으면 행복한 느낌을 주고 편안한 사람과 있고 싶어 할 것이다. 그렇지 않은 사람들은 있겠지만 그렇게 많지 않을 거라고 믿는다. 이런 기대가 관계에 적용되면 척 셀프를 가진 자아를 만들어 낼 수 있다. 내가 가진 상대에 대한 기대를 상대가 받게 될 경우다. 내가 만약 그 상대에 비해 힘이 있고 영향력이 있다면 이런 관계가 더 발달하기 쉽다. 내가 원하는 것을 내 영향력 아래 있는 상대는 그대로 받기 때문이다. 앞에서 언급한 부모와 아이들의 관계처럼 말이다. 그래서 아이들은 척 셀프를 가지고 부모한테 기쁨도 되고 주변 사람들의 기대에 맞추어 살아가려고 한다. 사회도 그런 사람을 원하고 그런 사람들을 만나면 '그 사람 성격 좋아'라고 말한다.

사람들은 그런 성격 좋은 인물들과 있고 싶지 그렇지 않은 사람과 가까이 하려 하지 않고 꺼려하는 것은 당연하다. 그래서 부모들에게 사춘기를 겪는 아이들의 급격한 변화가 당혹스럽기만 하다. 잘 웃고 부모한테 화도 낼 줄 모르던 아이가 갑자기 이상해진다. 말도 짧아지고 웃지도 않는다. 조금만 분위기가 바뀌어도 오히려 화를 내고 신경질적이다. 어떤 때는 아이들 눈치가 보여서 말하는 것도 심지어 먹는 것도 눈치를 봐야 할 정도가 된다. 어딜 같이 가는 건 말할 것도 없고 오히려 같이 있지 않는 게 맘 편하다고 생각할 정도가 된다. 어디로 튈지 알 수 없기 때문이다. 자녀들한테도 이런 느낌을 가지게 되는데 주변에 이런 사람들이 있다면 상상하기도 싫다.

그런 이유로 사람들은 같이 있으면 편한 사람들을 선호한다. 그런 사람들을 주변에 두려고 하고 같이 머무르려고 한다. 그들이 뿜어내는 긍정적 감정이 좋기 때문이다. 긍정적 감정, 같이 있으면 분위기를 돋우고 밝게 하는 그런 것들 말이다. 희망적이고, 칭찬의 말을 하며, 양보하고, 항상 웃음 짓는 쿨한 사람들이다. 비행기를 탈 때마다 느끼는 '승무원 미소'같은 느낌을 주는 사람들이다. 장거리 여행을 가야 하는 경우 비행기 안은 그야 말로 '칙칙'하다. 그 먼 거리 동안 승무원 분들은 비행기 안의 승객들을 '엄마 같은 편안한 미소'로 돕는다. 처음 탔을 때나 내릴 때도 변함없이 한결 같다. 그 분들의 환한 미소를 볼 때면 '참 어떻게 저렇게 아름답게 미소 지을 수 있을까'하는 생각이 들 정도다. 그분들의 기분 좋은 미소가 어둠 칙칙한 비행기 안 분위기를 바꾸어 놓는 걸 느낄 수 있다.

외국에 살고 있는 누님이 한분 계신다. 종종 누님 댁을 방문할 기회가 있다. 누님은 그곳에서 조그만 비즈니스를 하고 있다. 언젠가 그 집을 들렀을 때, 그곳에서 일하신 분 이야기를 잠깐 해 준 적이 있다. 전직 승무원 출신으로 비즈니스 장소에서 카운터를 맡아 일하시는 분 이야기였다. 한참 칭찬을 늘어놓는데 이유가 그 분이 손님을 맞이하는 태도였다. 그분은 어떤 손님이 와도 친절하고 환하게 웃으면서 대한다고 한다. 전직 승무원답게 친절한 미소로 손님들을 대하기 때문에 사람들이 다 좋아한다는 말을 했다. 대충 듣기만 해도 그 분이 얼마나 그 환한 미소로 긍정적인 감정들을 주변 사람들에게 전달했을지 짐작이 갔다.

반대의 경험도 많다. 외국에 처음 나와서 겪은 경험 중에 중국 식당에서의 일이다. 그 당시 나는 개인적으로 중국 식당에 가서 식사를 하는 게 달갑지 않았다. 친절하게 손님을 맞고 세심하게 접대하는 한국 식당과는 분위기가 많이 달랐기 때문이다. 음식을 나르는 분들이 좀처럼 웃지도 않고 손님에 대한 배려를 전혀 느낄 수 없었다. 더 황당한 경우는 주문한 음식을 갖다 주면서도 그릇을 소리 나게 던지듯이 놓았다. 처음에는 화가 날 정도로 불편했다. '손님을 무시하나'라는 생각이 들 정도로 무례해 보였다. 밥을 먹으면서도 유쾌하지 않으니까 '이런 기분 느끼면서 까지 여기서 밥을 먹어야 하나'라는 생각이 들었다. 그러다 손님 접대에 그릇을 소리 나게 던지듯이 놓는 게 중국 분들 문화라는 것을 알게 된 건 한참 후에 일이었다. 지금은 이해를 하니까 그런가 보다 하지만 당시만 해도 참 희한하면서 좋지 않은 경험이었다.

부정적 감정을 유발하는 사람들은 이렇다. 주위에 그런 사람들이 있다는 것만으로도 그 감정을 전한다. 그리고 그 부정적 감정은 긍정적 감정을 유발하는 사람보다 심각하게 우리 모두를 '다운'시킨다. 힘들게 만들고, 무거워지며 모두를 가라앉게 만드는 것이 부정적 감정이다. 그런 이유로 가급적 그런 부정적 감정을 전하는 사람들을 가까이 두려 하지 않는다. 그들이 전하는 부정적 감정의 영향을 알기 때문이다. 같은 조건이면 부정적 감정을 전하는 사람보다 긍정적 감정을 옮기는 대상이 좋다. 항상 웃고, 밝고 희망적인 말을 하며 분위기를 긍정적으로 바꾸는 사람을 모두 선호한다. 그런 성격특성이 사회적으로 권장되고 환영받는 분위기는 그래서 어쩌면 당연해 보인다. '행복 전도사'라고 해서 사회적으로도 큰 인기를 얻던 분이 기억난다. 심지어 웃는 연습을 시켜주는 강사들이 여러 곳에서 활발하게 활동하고 있는 것으로 안다. 오죽하면 이런 일들이 일어나나 싶다. 사회는 부정적 감정을 퍼뜨리는 사람보다 긍정적 감정을 불어넣어 주는 사람을 원한다.

긍정적 감정과 부정적 감정을 가르는 기준은 의외로 단순하다. 사회적, 환경적으로 용납되고 권장되는 감정을 긍정적, 그렇지 않은 것들은 부정적 감정이라고 할 수 있다. 가정 안에도 각 구성원에게 기대하는 것들이 있다. 부모는 부모로써 기대되는 것들이 있을 수 있다. 집안의 책임자로 무언가를 결정하고, 자녀를 양육하는 것이다. 자녀들은 그런 부모에게 순종하고 잠재적인 사회성원으로 착실히 성장해 가는 것이 그들에게 대한 기대일 수 있다.

기본적으로 가족 구성원들이 역할과 책임을 알고서 충실하게 일들을 수행해 나가면 그 가족을 긍정적으로 평가할 수 있다. 이런 것들을 '가족 간의 경계'가 잘 형성되고 지켜진다고 말한다. 그런데 이 경계가 흐릿하거나 분명하지 않은 경우가 있다. 자녀가 자녀 같지 않고 부모가 부모의 기능을 하지 못하는 상황이다. 자녀가 부모를 돌봐야 하는 일이 벌어지거나 부모 걱정에 자기 것을 지나치게 희생해야 되는 일들이 발생하는 상황 같은 것들이다. 어떤 경우는 부모, 자녀간이 '너무 친해서' 거의 구분이 안 되는 때도 있다. 정서적으로 너무 유착이 된 경우다. 이런 상황에서는 때로 자녀가 성장하고 자라는 것을 부모는 쉽게 받아들이지 못한다. 자녀의 성장이 부모에게는 따로 떨어져 사는 독립을 의미하기 때문이다. 자녀, 부모는 마치 한 몸처럼 움직이고 생각하고 영향을 주고받는 관계가 된다.

이처럼 정상적으로 작동하지 못하고 경계가 모호하거나 아예 없는 경우에는 가족을 옥죄는 많은 규칙들이 있다. 예를 들어, '가족은 절대로 다투어서는 안 된다' 같은 것이다. 만약 이런 규칙이 가족 안에 있다면 자신을 부당하게 대하는 부모나 형제에게 불만을 표현하거나 다툴 수 없다. 배우자나 자녀를 대상으로 한 폭력, 또는 성폭력 같은 것들이 이런 상황에서 발생한다. 이런 규칙들 안에서 가족 구성원이 강요당하는 것이 감정표현의 절제다. 어떤 감정은 표현할 수 있지만 어떤 감정은 그렇지 못하다. 표현하지 못하도록 강요당하는 것 중에 부정적 감정들이 여기에 해당한다. 가족의 전체적 분위기를 가라앉게 하는 부정적 감정을 드러내는 것이 허락되지 않는다. 그런 감정들을 다룰 정도로 가족들이 성숙하지 못하기 때문이다.

▶ 부정적 감정의 대마왕, 분노

부정적 감정 중에 대마왕이라고 할 수 있는 것이 분노다. 쉽게 화를 내고 흥분하는 사람은 한 순간에 분위기를 바꾸어 버린다. 밝고 환한 전체 분위기를 한 순간에 바꾸어 놓을 수 있는 게 이 감정이다. 그 만큼 파괴적이고 다루기 힘들다. 요즘 같이 분노가 사회적 이슈가 된 적이 없는 것 같다. 빈번하게 외부인들을 대상으로 한 폭력적인 행동들이 일어나고 있다. 총기 사용이 자유로운 미국에서는 무고한 시민들을 대상으로 총기사고가 너무 자주 발생하고 있다. 장소를 가리지 않는다. 학교에서, 식품점, 길거리 등등이다. 때로는 사람들이 수없이 많이 모인 광장을 향해서 무차별하게 총기를 난사하는 일들이 벌어지곤 한다. 분명한 목적도 없이 단순히 많은 사람들을 상처 입히고 죽이려고 그 일을 하는 것처럼 보인다.

한국도 규모만 틀릴 뿐 동기는 비슷해 보이는 폭력적 행동들이 외부 대상을 향해서 행해지곤 한다. 자기와는 아무 관련도 없는 사람들에게 갑자기 폭력을 행사한다. 소위 말하는 '묻지마 폭력'이다. 흉기를 사용하거나, 염산을 뿌리기도 하고 돌을 던지고 도망가기도 한다. 얼마 전 강서구에서 일어난 PC방 사건이 연일 논란이 되고 있다. PC방에서 일하는 아르바이트 학생을 사소한 다툼 끝에 손님이 끔찍하게 살해한 사건이다. 많은 사람들이 사건의 잔인함과 희생당한 학생이 갓 20살을 넘겼다는데 놀라며 안타까워하고 있다. 얼마 지나지 않아 같은 지역에서 남편이 아내를 살해한 사건이 또 발생했다. 비슷한 일들이 시간차를 두고 계속해서 발생하고 있다. 어머니를 무차별하게 폭행해 의식불명에 빠뜨리는 아들이 있는가 하면('아파트서 어머니 무차별 폭행 의식불명…20대 아들 구속,' 중앙일보 2018, 10월 29일), 연락하지 말라는 여자 친구를 차로 치고 달아나기도 하고('"연락하지 말라"는 여성 차로 치고 달아난 40대 남성 붙잡혀,' 중앙일보, 2018, 10월 30일), 층간소음 때문에 아파트 경비원을 마구 때려 뇌사에 빠뜨린 일도 있다('"층간소음 방치" 70대 경비원 마구 때려 의식불명,' 동아일보, 2018, 11월 2일 사회면). 정치적 견해가 다르다는 이유로 가정 안에서 아들과 아버지가 다투기도 한다. 이들은 광장에 모여 다른 의견을 말한다는 것 때문에 서로 간에 폭력을 행사하기도 한다.

이런 폭력적 행위들이 사회전반에 걸쳐서 실제로 발생하고 있다. 심지어 사회교육의 최전선을 담당하고 있는 학교도 예외는 아니다. 2014년도 실태조사에 따르면 약 70% 넘는 초등학생들이 학교폭력을 경험한다고 한다(청소년폭력예방재단, 2014). 더 놀라운 것은 폭력을 경험하는 연령대가 점점 더 낮아지고 있다는 연구결과가 있다(조정실, 2016). 가정폭력에 대한 수치도 경각심을 주기에 충분해 보인다. 2013년 통계에 의하면 123명의 여성이 남편에 의해 살해당하고, 75건의 살인미수 건이 신고 됐다. 신고건수가 이정도인 것으로 봐서 보고되지 않은 사건은 훨씬 많을 것으로 예상된다(김희선, 2015). 가정에서의 아동학대도 심각한 수준이다. 아동학대 신고건수가 2002년에는 2,218건이던 것이 2012년에는 거의 그 네 배에 이르는 9,938건까지 증가했다(아동보호전문기관, 2013).

이런 폭력적이고 적대적 행위의 원인이 사실 해결되지 못한 분노일 수 있다는 점에 주목해야 한다. 해결되지 못하고 억압된 분노가 관련이 없는 타인 또는 외부 대상을 향해 무차별적으로 표현되는 현상일 수 있기 때문이다. 2001년부터 2011년간 한국 사회에서 일어나 방화범들의 60.9%가 방화의 주된 원인을 분노라고 보도하고 있다('강남대모산 6차례 불낸 50대 주부,' 2014. 11. 8, 중앙일보, A8면 2단). 우울장애진단을 받은 사람들의 30~40%가 보여주는 주된 감정이 분노였다는 것도 이런 사실을 뒷받침 해준다(Benazzi, 2003; Fava & Rosenbaum, 1999). 심리학에서는 오래전부터 이런 사실들을 지적해 왔다(Freud, 1986). 그래서 상대에 대한 이런 적대적 모습을 드러내고 있는 한국사회가 분노의 질병을 앓고 있는 '분노사회'라고 말하고 있는지 모른다(이철, 2015). 이 분노가 대인관계를 파괴하는 역기능적이고, 폭력적인 형태로 표현이 된다는 게 문제다(박은혜, 2010).

얼마 전에는 대기업 오너 자녀들과 가족들이 사회적 지위를 이용해 부하 직원들을 함부로 대하는 것 때문에 큰 논란이 되기도 했다. 직원들을 향해서 소리를 지르고 물건을 집어 던지는 행동들이 거의 매일 반복되었다고 한다. 상식적으로 이해가 되지 않는 그들의 모습을 보면서 사람들은 다시 한 번 '분노'라는 문제에 대해서 심각하게 생각하게 되었다고 본다. 이런 일들은 지금 한국적 상황만 돌아봐도 그 결과가 얼마나 끔찍한지 금방 드러난다.

이유가 어쨌든 분노는 한번 시작되면 긍정적인 것보다는 더 많은 부정적인 결과들을 가져온다. 내 개인적인 경험을 곰곰이 생각해 봐도 화를 내는 것보다 참고 지나가는 게 더 나은 결과를 가져오는 것 같다. 물론 화를 내야 하는 상황이 있다. 적절하게 화를 내서 문제의 경각심을 심어줘야 하는 경우다. 교육적 목적으로 분노를 적절하게 사용하는 경우 말이다. 잘못한 것이 있으면 화를 내서 얼마나 그것이 심각한 것인지를 알려줘야 하는 때와 같은 상황이다. 그런 경우들이 분명히 존재한다. 대표적인 것이 잘못한 자녀를 훈육해야 하는 상황 같은 것들이다. 누군가와 싸운다거나 물건을 훔치거나 또는 거짓말을 해대는 아이들을 부모는 따끔하게 혼내야 한다. 화가 나지 않아도 화난 척 해야 할 때가 바로 그런 때들이다. 교육적으로 같은 실수를 반복하지 않도록 가르쳐야 할 필요가 있기 때문이다. 직장에서 책임적 위치에 있는 상사라면 부하직원을 위해서도 때론 화를 내야 할 수도 있다. 적당히 하다가는 다음에 더 큰 실수를 할 수 있기 때문이다. 방치하다가 회사에 막대한 손해를 끼칠 염려가 있다면 그런 일이 발생하지 않도록 따끔한 교훈이 필요하다.

그런데 아무리 교육적 의미에서 화를 낸다고 해도 이 분노는 한번 시작하면 제어하기 힘든 경우가 많다. 정말 조심하지 않으면 화를 내는 본인이 그 분노라는 감정 자체에 휩쓸려 버릴 수 있기 때문이다. 지금은 학교체벌이 많이 사라졌다. 그런데 내가 학교를 다닐 때만 해도 체벌은 아주 일상적인 자연스러운 것이었다. 선생님들은 교육을 위해서 학생들을 체벌하는 것을 당연하게 여겼고 누구도 그것에 도전하거나 의문을 제기하지 않았다.

나는 이 체벌에 관한 기억들이 아주 많다. 그 중 지금도 기억이 생생한 사건이 한 가지가 있다. 초등학교를 졸업하고 중학교를 입학해서 얼마 지나지 않았을 때 일이다. 내 기억이 맞는다면 입학한지 아마 3일도 지나지 않은 때 같다. 지금 생각해보면 초등학교를 막 졸업한 정말 어린 나이였다. 그 당시 학생들은 학교에 오면 신발을 벗고 슬리퍼로 갈아 신게 되어 있었다. 학교에는 그 슬리퍼를 신고 가야 하는 장소와 그렇지 않은 장소가 분명히 정해져 있었다. 그 경계가 시멘트가 깔린 길이었다. 시멘트가 없는 곳은 절대 밟아서는 안됐다. 그 시멘트가 깔려 있는 곳이 학교 등굣길에서부터 시작했다. 이 시멘트 길은 흙이 있는 운동장과 경계를 지어 건물 주변을 빙 둘러 마지막 교실까지 이어져 있었다.

초등학교를 막 졸업하고서 이 규칙에 익숙지 않았던 나는 그 사건을 통해 확실한 교훈을 얻게 되었다. 사건이 있던 날 나는 점심시간 때 매점을 갔다 교실로 돌아오던 중으로 기억한다. 그런데 무슨 이유인지 슬리퍼를 신고 잠시 흙이 있는 운동장을 밟게 되었다. 아마도 아는 친구가 운동장에 있어서 그랬던 것 같다. 그것도 아주 찰나적인 순간이었다. 정말 아주 짧은 시간, 그것도 두 발이 아니라 한발을 걸친 상태로 말이다. 그런데 불행하게도 그 짧은 순간이 내 편이 아니었다. 당시 훈육 담당이던 체육 선생님이 바로 그 순간에 나를 발견한 것이다. 이분의 과거는 정확히 알 수가 없다. 그러나 들리는 소문이 무시무시했다. 왕년에 '유도부 국가대표였다', '역도 선수였다'는 등 듣기만 해도 오싹하게 하는 이야기들이었다. 비록 확인할 수 없는 소문이었지만 아무도 의심하지 않았다. 이유는 이분의 생김새였다. 멀리서 봐도 어깨가 딱 벌어지고 덩치가 정말 컸다. 막상 보면 상대를 압도할 만한 체격을 가지고 계셨다. 당시 초등학교를 졸업한 조그만 아이에게는 유독 더 커보였을 것 같다. 이분의 특징은 다니실 때 긴 플라스틱 파이프를 어깨에 메고 고개를 뒤로 젖히고 천천히 걸어 다니는 것이었다. 이 파이프는 그분이 사용하시는 무시무시한 체벌 도구인 것은 말할 것도 없다. 파이프를 메고 주위를 두리번거리면서 걸어 다니실 때는 마치 사냥감을 노리는 사냥꾼 같았다. 섬뜩한 느낌을 갖게 하는 걸음걸이였다. 아무리 시끄러운 교실이라도 이분이 온다는 이야기만 들려도 순식간에 조용해졌다. 말 그대로 '미친 존재감'이라고 할까.

그런데 운이 없게도 초등학교를 막 졸업한 조그맣고 마른 아이가 그 분의 눈에 띈 것이다. 운동장에 슬리퍼 한쪽을 걸치고 말이다. 그런 나를 보시자 소리를 지르며 거침없이 내 앞으로 다가오셨다. 영문도 모르는 나는 그 자리에서 얼어붙고 말았다. 마침 점심시간이라 많은 학생들이 그곳에 있었다. 모두들 뭔가 일어날 거라는 것을 알고 나를 쳐다보고 있었다. 하지만 당시 그 분이 정확히 누군지 모르던 나는 '설마 나같이 조그만 아이를' 하는 생각을 하고 있었던 것 같다. 앞으로 어떤 끔찍한 일이 벌어질지도 모르면서 말이다. 그런 나에게 선생님은 '엎드려'라고 아주 짧고, 그러나 매우 위협적인 말투로 말했다. 분위기에 압도당한 나는 말 한마디 못하고 팔을 쭉 펴고 땅에 엎드렸다. 뭔가를 생각할 틈도 없이 선생님은 야구배트 휘두르듯이 긴 플라스틱 파이프를 한 바퀴 감아 온 힘을 다해 내려쳤다. 인정사정 없었다. 그렇게 맞는 순간 찰나적으로 드는 생각은 '내가 더 이상 초등학교 학생이 아니구나'였다. 내가 처한 현실이 '확' 느껴질 정도의 아픔과 강도였다. 차원이 다른 공포가 엄습해 왔다.

그 일 이후로 학교에서 체벌은 거의 매끼니 밥 먹는 것처럼 벌어지는 일이라는 걸 발견하는 데는 시간이 그렇게 오래 걸리지 않았다. 시험을 봐도 맞고, 청소하다가도 맞고, 수업 시간에도 맞았다. 어떤 선생님은 수업시간에 어떻게 학생들을 때려야 가장 아프고 고통스럽게 할 수 있는지 그림까지 그려 가시면서 설명했다. 누구도 거기에 토를 다는 학생이 없었다. 선생님이니까 당연히 때릴 수 있고 우리는 맞는 게 당연하다고 여겼다. 그러면서 우리가 깨달은 것은 '선생님이 때리시다가 진짜 열 받지 않으시도록 조심해야 그나마 그 체벌이 빨리 끝난다'였다. 자주는 아니었지만 선생님 중에 간혹 학생들을 혼내시다가 극도로 흥분을 하시던 분들이 계셨다. 우리 모두가 보기에 그렇게 화를 내실 일인가 싶은데 본인 감정에 압도 당하셔서 지나치게 폭력적이 되시곤 했다. 이럴 경우 그걸 지켜보는 학생들의 반응은 그렇게 긍정적이지 않았다. 선생님들의 체벌이 '사랑의 매'로 느껴지지 않았다. 그분들이 학생들을 사랑으로 훈육할 대상으로 보는 것이 아니라 단순히 자신들의 화를 풀어내는 '어떤 것'으로 여기시는 것 같았기 때문이다.

그래서 가급적 화를 안내는 게 낫다는 생각이 든다. 그만큼 긍정적 결과보다 부정적인 것들이 훨씬 많기 때문이다. 그것이 아무리 좋은 의도를 가지고 있다고 해도 말이다. 여기에 대한 과학적 증거들도 있다. 일단 화를 내거나 분노를 하면 혈압이 급격히 증가한다. 심장이 빠르게 뛰기 시작하면서 피를 펌프질 해대는 상태가 된다. 근육이 부풀어 오르고 얼굴이 붉어지고 온 몸의 신경이 긴장한다. 몸 상태가 이렇게 되는 것은 뭔가에 긴박하게 반응할 준비가 되었다는 것을 말한다. 동물이 먹잇감을 앞에 두고 사냥을 준비하는 그 현상과 비슷하다. 먹이를 바로 앞에 두고 온 신경을 거기에 집중하는 상태와 정확히 일치한다. 눈은 한곳에 고정되어 커지고 근육은 긴장되어 금방이라도 튀어 나갈 준비를 하게 된다. 급격하고 효과적인 한 번의 공격을 위해 심장은 더 많은 피를 내보내려고 빠르게 뛰기 시작한다. 공격준비가 된 것이다. 분노하면 우리 신체는 이와 유사한 반응을 보이는데 속된 말로 '뚜껑이 열리는' 경험을 하게 된다. 그래서 분노하거나 화를 내는 사람이 겪는 대표적인 신체증상은 심혈관계나 통증관련 질환들이다(Mattew, Glass, Roseman, & Bortner, 1977; Spielberger & London, 1982).

급격한 분노를 경험하거나 자주 화를 내시는 분들이 목 뒤를 잡고 쓰러지시거나 뒷목 통증, 또는 뻐근함을 느끼는 이유가 달리 있는 게 아니다. 심장 박동이 빨라지고 급격한 근육경련을 경험하기 때문이다. 결국 자주 화를 내는 것은 심각한 결과를 가져올 수 있다. 특별히 심혈관계 관련된 병을 가지고 계신 분이거나 유사한 병력이 있는 분들이 자주 화를 낸다는 것은 언제 터질지 모르는 폭탄을 들고 다니는 것과 같다.

이런 신체적 증상 말고도 화로 인한 심리적, 정서적 결과도 무시할 수 없다. 자주 화내는 부모 밑에서 아이들이 자랐다고 상상해 보자. 그 아이들은 어떻게 될까? 그냥 상식적으로 생각해 봐도 차분하고 정서적인 대화를 하는 부모와 언제 화를 낼지 모르는 부모. 이렇게 전혀 다른 부모 밑에 성장한 아이들의 심리적 상태는 쉽게 상상해 볼 수 있다. 부부가 남들에게 사이좋은 관계를 가지고 있는 것처럼 꾸밀 수 있다. 쉽진 않겠지만 남들한테 보여지는 외적인 모습들을 얼마든지 서로 다정, 다감하게 할 수도 있다. 노력하면 말이다. 유명연예인 같은 공인들은 사생활이 거의 다 드러난다. 이런 사람들에게는 흔히 있을 수 있는 일이다. 부부간에 문제가 있어도 방송이나 공공의 장소에서 서로 손 잡고 환하게 웃으면서 사진도 찍는다. 서로를 사랑한다고 말하기도 하고 별 탈 없이 지내는 모습들을 보여주기도 한다. 사람들은 다정한 외적인 그런 모습만을 보고 받아들인다. 그런데 그들처럼 살아야 한다고 믿고 부러워하다가 어느 날 갑자기 결별소식을 듣는 경우가 종종 있다.

주위 사람들을 이렇게 속일 수도 있다. 사랑하지 않아도 사랑하는 척 할 수 있다. 문제가 많지만 잠시 숨겨두고 아무 일 없는 것처럼 할 수도 있다. 하지만 아무리 외형적으로 그렇게 꾸미고 '사랑하는 척' 하면서 숨기려 해도 숨길 수 없는 대상이 있다. 바로 둘 사이에 있는 아이들이다. 어떤 연구에 의하면 부부 사이가 좋지 않고 자주 싸우는 아이들과 그렇지 않은 아이들의 소변을 검사했다고 한다. 그랬더니 자주 싸우는 가정의 아이들의 소변에서 그렇지 않은 집안의 아이들에게서는 발견되는 않는 것들이 발견되었다고 한다. 정서적, 심리적으로 불안을 느낀 아이들은 직감적으로 그 사실을 안다. 그리고 말로는 표현하지 못해도 심리적 상처로 인해서 몸이 거기에 반응한다는 것을 보여주는 결과다(김해영, 2012).

폭력적 가정에서 부부간 다툼이나 직접적 학대를 경험한 아이들의 증상은 특히 심리적, 정서적으로 그 부정적 영향력이 더 크다는 연구결과들은 너무도 많다. 그런 환경에 노출되면 아이들은 심각한 정서적 장애를 경험하게 된다. 더 나아가 대인관계에서도 그 부정적 결과에 시달릴 수 있다. 부모의 분노에 노출된 환경은 득보다는 실이 훨씬 많다. 각종 연구와 통계자료가 이런 사실들을 증명해 준다(조유경, 이지영, 2015; 이지영, 손정락, 2010; 조한익, 최종환, 2013; Allen, 2005; Bowlby, 1980; Mullen, Martin, Anderson, Romans & Herbison, 1996). 쉽게 분노하는 부모 밑에서 자라난 아이들은 예외 없이 심각한 심리적 외상을 경험하고 있다는 보고들이다.

아이들은 선택의 여지가 없다. 부모가 하는 대로 그냥 당할 수밖에 없는 가족 계급의 가장 하위 서열에 위치해 있기 때문이다. 화난 부모의 화풀이 대상이 되어도 아이들은 그 일이 왜 자기에게 일어나고 있는지 이성적으로 판단하거나 대처할 능력이 없다. 무조건 참고 그 시간들이 지나쳐 가기를 바랄 뿐이다. 이런 상황에 처한 아이들은 주어진 상황에 그냥 던져져서 부모의 분노를 온몸으로 받아야 한다. 좋은 부모를 만나거나 그렇지 못한 경우를 그저 그 아이의 운으로 치부해 버리기에는 그 결과가 너무 참혹하다.

▶ 분노가 항상 나쁜가?

이처럼 분노는 분노하는 사람에게도 힘든 일이지만 그 분노를 당해야 하는 당사자에게도 부정적 결과를 가져온다. 얼핏 보기에도 얻는 것보다는 잃는 게 더 많아 보인다. 분노는 그것이 일어나는 환경이나 사람들에게 치명적일 뿐 아니라 그 여운이 너무 길게 남는다. 누가 쉽게 분노하는 사람과 같이 있고 싶어 하겠나! 어떤 기관, 조직이 분노에 취약한 사람을 구성원으로 인정할지도 의문이다. 나 같아도 쉽게 분노하는 사람하고는 같이 있고 싶지 않다. 좋은 게 좋은 거니까...!

그런데 이 분노가 꼭 그렇게 나쁜 것인가?

만약 사람들이 전혀 화를 낼 줄 모르면 어떤 일들이 벌어질지 상상해 본 적이 있다. 아무도 화를 내지 않고 분노할 일이 없이 모두 다 행복하게 웃기만 하는 세상.... 상상만 해도 즐거운 일인데.... 왠지 좀 이상하다. 절대 화낼 일이 없고 있어도 화를 내려고도 하지 않는다. 화가 뭔지도 모르고 매일 웃고만 살면....???!!!!!

어릴 때 '아픔을 느끼지 않게 된다면 얼마나 좋을까'라는 생각을 해 본 적이 있다. 이런 엉뚱한 생각을 하게 된 이유는 가끔 보는 첩보 영화 덕이다. 그런 영화를 보면 종종 사람을 잡아서 고문하는 장면이 나온다. 그런 장면들을 볼 때마다 감정이입이 돼서 마치 내가 거기 있는 것 같은 상상이 들곤 했다. 그럴 때 만일 고통을 못 느낀다면 무서워 할 일이 없을 것 같았다. 왜 그런 상상을 했는지 모르지만 그런 일이 왠지 나한테도 일어날 것 같았다. 그런 생각들이 좀 더 발전했다. 만약 고통을 느끼지 않으면 손을 데거나 베어도 편할 것 같았다. 어릴 적 손을 심하게 베어서 고생을 했던 기억이 있었기 때문이다. 생명을 위협하는 심각한 병이 걸려서 몹시 괴롭게 되더라도 좋을 것 같았다. 고통을 느끼지 못하면 그게 차라리 나을 거 같았다. 너무 아파 괴로워하다 죽는 것보다 아예 아무것도 느끼지 못하는 게 낫다고 생각했다.

그런데 수업시간에 우연한 기회로 선생님에게 이것에 관해 질문을 하게 되었다. 수업내용이 무엇인지 정확하지는 않지만 아마도 외부 자극에 반응하는 몸의 기능에 관한 것 같다. 선생님께 '나는 차라리 몸이 아무 자극을 느끼지 않는 게 낫다'고 말했다. '그러면 고통도 모르고 아픔이나 죽음 같은 것들에 대

한 공포도 없을 테니까 차라리 그게 더 나을 거 같다'고 말했다. 그러자 선생님은

'만약 몸이 외부 자극을 느끼지 못하고 아무 감각이 없어서 베이거나 다쳐서 피가 나도 모를 정도가 되면 어떤 일이 벌어지겠니? 바로 응급처치를 하지 못해서 더 큰 문제가 일어날 수도 있지. 마찬가지로 큰 병이 몸 안 어디에선가 생겼는데 몸이 전혀 그런 것들을 못 느낀다면 치료할 수 있는 시간을 놓쳐서 더 심각해질 수 있겠지. 그래서 몸이 자극을 느끼고 문제가 발생하면 고통을 느끼는 것은 일종의 자극이자, 우리한테 보내는 신호지. 준비해서 잘 대비하라는...'

라는 내용을 말씀하신 것으로 기억한다.

분노도 이와 같은 것이 아닌가 싶다. 고통을 느끼는 것이 괴로워서 외면하려고 해도 외면할 수 없다. 그리고 외면해서도 안 된다. 분노도 이와 비슷하다. 분노하는 게 힘들고 결과가 두려워서 자꾸 외면하려 해도 그럴 수 없다. 원래 우리가 가진 감정이기 때문이다. 몸이 아프면 고통을 느끼는 것처럼, 분노도 우리에게 뭔가 일어나고 있다는 것을 알려주는 신호다. 사람들이 그 감정을 불편해 하는 것은 분노할 경우 얻는 것보다는 잃는 게 많아서이다. 어떻게 그 감정을 다뤄야 하는 방법도 알지 못하기 때문이다. 그 감정에 압도되어 이성을 잃을지도 모른다는 두려움이 있기 때문이다. 그래도 그것은 우리 모두한테 있

는 자연스러운 것이다.

분노에 관한 연구가 있었다. 그 연구에 참여한 사람들의 절반 정도가 일주일에 적어도 1~2번은 분노를 경험한다고 말했다. 그 중에 25%에 해당하는 사람은 심지어 3~5번 정도 분노를 경험한다고 밝혔다(전겸구, 1999). 이처럼 모두가 경험하는 분노는 보통사람들이 예외 없이 느끼는 아주 보편적인 감정중에 하나다(전현숙, 손정락, 2011). 분노라는 것이 가져오는 결과가 파괴적이기 때문에 부정적 감정으로 결론짓고 외면하려 하지만 이것이 주는 긍정적인 면도 있다(Bilodeau, 1992). 예를 들어, 개인적인 권리, 영역이 침범 당하거나, 마음의 상처, 또는 소망, 욕구가 좌절되었을 때다. 분노는 이런 일들이 일어났을 때 일종의 경고로 작용하기도 한다(Greenberg, 2001). 그런데 사람들이 유독 이 감정에 민감한 이유는 잘못 표현되었을 경우 그 파괴력이 엄청나고 분노를 표현하는 당사자 뿐 아니라 주변 관계까지 심각한 영향을 미치기 때문이다(서수균, 2004). 그래서 인지 몰라도 다른 감정들보다 분노에 대한 연구도 그렇게 많지 않고 사람들의 관심을 끌지 못했다. 최근에야 이 분노의 심각성을 알고 그에 관한 연구들이 진행되고 있다.

▶ '갑'의 분노, '을'의 분노

요즘 신문이나 TV를 보면 온통 '갑질'에 대한 이야기가 정말 뜨겁다. 이런 갑질들은 자신들의 우월한 사회적 지위를 가지고 자신보다 못한 사람들을 괴롭히고 학대하는 행위라고 말할 수 있다. 자신의 감정을 지위를 이용해 드러내는 것도 일종의 갑질이다. 대부분 하급자나 피고용자에게 거침없이 분노를 쏟아내는 경우가 여기에 해당된다.

강의하고 있는 학교의 수업시간에 한창 이슈가 되었던 재벌들의 갑질에 대한 이야기를 하게 되었다. 잊을 만하면 한 번씩 재벌가의 자녀들이 갑질 문제가 사회적 파장을 일으키곤 한다. 이들은 자신의 지위를 이용해 부하 직원들을 함부로 대하고 폭언, 폭행을 서슴지 않는다. 항공 재벌가의 자녀들 때문에 대한민국이 떠들썩했다. 자녀가 셋인데 이번에는 그 중 막내가 문제였다. 이번이라고 한 이유는 얼마 전에는 큰 딸이 비슷한 문제를 일으켰기 때문이다. 이 경우는 협력업체 직원들을 향해서 폭언을 하고 학대하는 상황을 담은 녹화물이 그대로 공개가 됐다. 그 바람에 사회적으로 큰 파장이 일어났다. 이 사건이 있기 전에도 언니가 비슷한 일을 벌여서 사회적 공분을 샀는데 막내가 또 비슷한 일을 일으킨 것이다. 그 일이 좀 조용해지나 했는데 다시 한 번 국민들의 집중 관심을 받게 된 것이다. 이들의 이런 갑질이 드러난 후 각 매체를 통해 이들에 대한 비슷한 여러 제보가 이어졌다. 직원들은 회장가의 퇴진을 위해 집단행동까지 개시했다.

그런데 우연찮게 수업시간에 학생들과 이 문제를 이야기 할 기회가 되었다. 학우들 간의 나이 차가 꽤 나는 대학원 수업이라 의견차이도 그 폭이 좀 컸다. 젊은 친구들은 마치 그 일을 자기가 당한 것처럼 분개했다. 반면, 나이가 좀 있으신 분들은 조직을 관리하는 입장에서 그런 일들은 피할 수 없이 일어난다고 했다. 좀 긍정적인 면을 보신 것이다.

나는 오래전에 군대를 제대했다. 지금의 군과는 여러 가지 면에서 차이가 있다는 것을 안다. 지금은 어쩐지 정확히 말할 수는 없다. 내가 경험해 보지 않았기 때문이다. 그러나 요즘 군대를 다녀온 젊은 친구들의 이야기를 들어보면 상당한 변화가 있는 것 같다. 심지어 군대 안에서 컴퓨터도 할 수 있고 일전에 뉴스에 보니까 핸드폰도 사용할 수 있도록 한다고 한다. 과거에는 상상도 할 수 없는 큰 변화가 있는 건 확실한 것 같다. 이런 변화들 중에 아마도 가장 큰 것은 상급자들이 하급자를 대하는 태도가 아닌가 싶다. 내가 군대에 있던 시절에는 상급자가 하급자 사이에 소위 갑질로 여겨지는 일들이 흔히 있었다. 그래서 비슷한 군대 경험을 가지신 나이 드신 분들의 입장을 이해할 수 있다. 엄격한 군대 생활을 경험한 그 분들이 왜 항공사 문제로 불거진 갑질 논쟁에 대해 그렇게 접근하시는지 이해할 수 있다는 의미다.

내가 군대 생활을 막 시작할 때 구타 문제가 뜨거운 이슈 중에 하나였다. 그때만 해도 상급자가 하급자에게 '군기'를 잡는다는 이유로 공공연하게 구타가 이루어지고는 했다. 제대한 사람들의 빠지지 않는 군대 이야기 중에 하나가 얼마나 심각한 구타를 당했는지에 관한 것이다. 내가 들은 이야기만 해도 '어느 부대, 어느 지역은 정말 구타가 심하다'는 등, '어느 부대는 따로 구타봉이 있다'는 식의 것들로 책을 하나 써도 될 정도다. 구타가 심하고 그 피해가 예사롭지 않다고 판단한 군이 해결책을 제시했다. 무기명 신고제라는 것이었다. 피해를 입은 사람이 무명으로 그 사건을 보고할 수 있게 한 장치다. 부대 내에 비밀 보고함을 만들어 놓고 구타를 당한 당사자가 무명으로 그 사실을 보고하도록 했다. 오죽 구타가 심했으면 이런 장치까지 마련했나 싶다. 지금 군대 생활을 하는 사람들은 그런 것들이 많이 없어졌다고 하니까 느낌이 잘 오지 않을 수 있다. 하지만 내가 군대 생활 할 때만 해도 정말 심했다. 그런데 상당수의 선임자들이나 장교들이 구타는 부대질서를 위해 필요한 것으로 여기는 듯했다. 심지어 어떤 장교는 구타를 막기 위해 행해지는 정책들을 드러내 놓고 반대했다. 그는 부대원들을 모아놓고 부대질서와 군기를 위해 구타가 얼마나 필요한지를 장황하게 설명한 적도 있다.

당시만 해도 사회, 문화적으로도 한국 사회는 특정한 사람들의 분노를 허용해주는 분위기였다. 특별히 상급자, 연장자, 또는 직장 상사 등을 통틀어 나보다 경험이 많고 나이 많으신 '어른들'. 이 분들의 분노는 어느 정도 당연시 되는 분위기였다. 그분들의 분노는 연장자의 경험과 지혜는 배울 점이 있다는 사회적 분위기에 기초한 것이었다. 유교적 가치가 중요한 사회적 덕목으로 받아들여지던 시기에 이해되는 것들이다. 장난처럼 선배들이 하던 '찬물에도 위아래가 있다', '내가 너보다 지금까지 먹은 밥그릇만 해도 몇 그릇이 더 많다' 등의 말들이 이런 분위기를 보여주는 것들이다. 이런 말들은 성별과 자연법칙에도 적용이 된다. '남자는 하늘, 여자는 땅', '하늘을 거역한 자는 망하고 순한자는 흥한다' 등의 것들이다. 유교적 가르침이 어떤 영향력을 미치지 않았나 싶다.

이런 이유로 연장자이거나 직장에서 직위가 높은 사람들은 그 보다 젊거나 낮은 지위에 있는 사람들에 대해서 상대적으로 더 많은 힘을 갖게 된다. 상대가 어떤 말을 하던 연장자 또는 직위가 높으면 하급자는 자신의 의견을 직접적으로 말하거나 행동하는 것을 자제해야 한다. 만약 이런 분위기를 무시하고 다르게 행동하거나 끝까지 자기주장을 펴게 되면 '싸가지' 없는 사람으로 찍히고 만다. 이런 상황에서 소위 직장 상사라고 할 수 있는 재벌가 자녀들의 갑질이 당연할 수 있다. 누구에게는 허용이 되지 않지만 누구에게는 조직 관리 차원에서 용납할 수 있는 부분이기 때문이다. 여러분은 어떤가? 연장자나 직장 상사의 하급자에 대한 분노는 조직의 효과적 운영을 위해서 필요한가?

앞서 잠깐 다룬 것처럼 분노는 피할 수 없는 감정이다. 누구나 화가 날 수 있고 어찌 보면 그것은 자연스러운 것이다. 통계적으로도 우리는 그런 분노와 매일을 같이 살아가고 있다는 것을 알 수 있다. 그런데 원인이야 어떻든 그 결과가 좋지 않다는 것이다. 화를 내는 사람은 말할 것 없고 그 화를 직접적으로 당하는 사람과 그 주변에도 말이다. 특히나 사회적으로 소위 자신의 우월한 직위를 이용한 갑들의 '질'이 너무 심해서 이제는

'을'들이 참지 못하는 한계에 도달한 것 같다. 을들의 분노가 집단 형태로 나타난 것처럼 보이기 때문이다. 개념 없는 누군가를 통해 주변에 행해지던 갑질들이 하나씩 쌓여서 한번 물꼬가 터지자 그 동안의 쌓여 있던 감정들이 폭발하고 만 것 같다. 갑들에게 당한 비슷한 경험들이 있던 '을'들이 직접적 피해 당사자는 아니어도 상대편 상황에 동질감을 느끼게 된 것이다. 비슷한 상황을 당해 보기도 했고 자기도 그런 상황에 처할 수 있다는 생각에 일반인들이 항공사 직원들의 시위를 지지하고 후원하는 세력으로 등장했다. 소위 말하는 '갑'들의 분노에 '을'들의 반격이라고 할 수 있다.

▶ '을'의 분노, 수동적 공격성

화를 내고 분노하는 것은 사실 힘의 관계를 나타내는 기준이 되기도 한다. 어느 조직이나 단체, 또는 관계에서 개인감정을 여과 없이 드러낼 수 있다는 것은 우월한 지위에 있다는 표시가 될 수 있다. 화나 분노의 감정 같은 경우는 더 그렇다고 할 수 있다. 자기가 분노하는 대상에 대한 영향력이 있다는 표시이며 그것을 실행할 힘을 가지고 있다는 의미다. 조직에서 힘이 있는 사람을 발견할 수 있는 방법은 그래서 쉽다. 항상 소리 지르고 인상 쓰는 그 사람이 그 조직에서 파워를 가진 사람이다. 예외적인 경우도 있겠지만 대부분의 경우는 사실이다. 힘이 없는 사람이 상대편이나 조직에서 큰 소리치고 자기감정, 특히 분노라는 감정을 함부로 드러낼 수 없다. 그 조직이 위계적이고 보수적일수록 이것은 사실이다. 만약 힘이 없는데 인상 쓰고 화를 낸다면 참다 참다 폭발한 경우일 것이다. 직장을 그만둘 작정을 하고 한바탕하려고 작심한 상황 말이다. 그렇지 않다면 심각한 정신적 이상이 생기지 않고서야 그런 일들은 쉽게 일어나지 않는다.

화를 참지 말고 푸는 것이 건강에 좋은 건지 아니면 그렇지 않은지는 논란의 여지가 많다. 무조건 참는 것이 여러 면에서 좋지 않다고 해서 화를 내야 한다는 시각들이 한때 유행한 적이 있다. 만약 그런 이론들이 맞는다면 화를 쉽게 낼 수 있고 분노할 수 있는 위치에 있는 사람들이 더 건강해야 한다. 화가 나면 맘대로 풀어낼 수 있기 때문이다. 반대로 화를 참아야만 하는 사람들은 어떻게 될까? 일방적으로 당하고 참고, 견뎌야만 하는 것인가? 그게 과연 가능한가? 어느 정도까지는 이게 가능할 수 있다. 정서적 통, 용량이 있기 때문이다. 피하고 달래고, 억압하면서 말이다. 그러나 언제까지나 그럴 수 없다. 그것도 한계가 있기 때문이다. 그렇다고 갑처럼 드러내놓고 분노를 풀어낼 수도 없다. 그래서 당하는 '을'은 그들만의 방법으로 화를 풀어낸다. '갑'들이 하는 방법이 아니다. 갑들이 하는 방법과는 다른 방법으로 화를 풀어낸다. 갑들이 눈치 채지 못하게 살며시 조금씩 자기 화를 흘려보낸다. 갑들의 방법이 아닌 을들이 하는 소심한 분노 표현의 방법 '수동적 공격' 방법이다.

이 공격법은 분노의 대상이 너무 강하고 커서 대항할 수 없을 때 을들이 택하는 방법이다. 속담에 '종로에서 뺨 맞고 한강에서 눈 흘긴다'라는 식의 전술이다. 이 속담의 유래는 종로에 있던 육의전에서 벌어진 일들을 빗댄 것이다. 육의전은 조선시대 독점권을 가지고 국가 물품을 조달하던 장소였다. 이 장소를 거치지 않고서는 합법적으로 물품을 거래할 수 없었다. 당시 이곳 상인들은 국가에서 부여한 권력을 가지고 그 위세가 대단했다고 한다. 신분사회가 엄격했던 그때에 양반들조차도 그곳 상인들에게 함부로 하지 못했다고 하니 그 위세가 어땠는지 짐작이 간다. 그런 육의전이 있던 종로에 난전이 생겼다. 그 당시 한강은 물길을 이용해 전국에 물건이 들어오는 중요한 통로였다. 이 영향으로 난전이 형성된 것이다. 정부의 엄격한 규제를 받던 육의전과는 달리 한강의 난전은 그런 규제로부터 자유로웠다. 종로 육의전에서 거래가 이루어지지 않고 상인들에게 부당하게 당해도 사람들은 아무 소리를 할 수 없었다. 워낙 가진 힘이 대단했기 때문이다. 대신 한강 난전에서 장사하는 힘없는 상인들을 상대로 화풀이를 하곤 했다고 한다(2018년 7월 15일 검색, http://tip.daum.net/question/38864277). 너무 강한 육의전 상인들에 비해 만만한 난전 상인들이 그 대상이 된 것이다. 이 속담의 유래가 된 역사적 사실이다.

수동적 공격성은 이와 같은 것이다. 자기 분노의 직접적 원인이 되는 대상이 너무 강하고 커서 대응할 수 없을 때 대안으로 사용하는 무엇이다. 대안적 대상으로 그 분노를 돌리는 행위라고 할 수 있다. 이유는 간단하다. 자기 분노의 직접적 대상을 상대로 화를 내기에는 너무 위험하다고 판단하기 때문이다. 정신통계연람에 보면 '수동 공격적 성격 장애'라는 용어가 등장한다. 이 말이 수동적 공격과 비슷한 의미가 될 수 있다. 여기서는 '사회적 또는 직업 상황에서 요구되는 행위에 대한 수동적 저항과 부정적 행위의 수동적 행위'라고 정의된다(한국정신통계연람IV, 1998). 옥스퍼드 사전은 '다른 사람의 요구나 직접적 대면을 피하기 위한 간접적 저항'이라는 말로 묘사하고 있다(Oxford Dictionaries, 2017). 이 말이 이 책에서 말하는 내용과 좀 더 가까워 보인다.

속담에 나오는 말처럼 '종로에서 뺨 맞고 한강에서 눈 흘기기'라는 식이다. 파워를 가진 갑에게 우리가 할 수 있는 방법 중에 하나로 이 수동적 공격은 자주 사용된다. 엄마한테 실컷 혼난 아이는 엄마에게 화를 낼 수 없다. 대신 다른 대안을 찾아서 자기 화를 풀어낸다. 자기보다 힘없는 동생을 괴롭히던지 학교에 약한 어떤 친구들이 그 대상이 될 수도 있다. 이도 저도 여의치 않으면 집에서 기르는 고양이든지, 강아지든지, 심지어 엄마가 쓰던 어떤 것들이 될 수도 있다.

엄마, 아빠가 대학 교수인 중학생 아이가 있었다. 두 분이 교육자여서 그런지 아이 교육에 대한 열정이 대단했다. 특히 엄마는 아이의 모든 움직임을 실시간 체크하면서 일일이 관리했다. 소위 말하는 '헬리콥터 맘'으로 아이는 일어나는 시간부터 시작해서 침대에 가는 마지막 순간까지 엄마가 짜 놓은 빽빽한 일정에 따라 움직였다(2018년 7월 17일 검색, https://en. wikipedia.org/wiki/Helicopter_parent). 시간 관리를 잘하고 규칙적으로 움직이는 것은 좋았지만 중학교 2학년 아이한테는 너무 벅찼다. 엄마의 지나친 간섭, 자신을 고려하지 않는 요구들에 아이는 지쳐 갔다. 그리고 안으로 조금씩 화를 쌓아 갔다. 그렇지만 그런 화를 직접 풀어내기에 엄마는 너무 강했다. 자기감정, 화를 직접 표현했다가 어떤 일들을 당할지 알 수 없었다. 하루는 아이의 바지가 찢겨져서 들어왔다. 처음 있는 일이라 크게 뭐라 하지 않고 넘어 갔다. 며칠 후 아이 바지가 또 찢겨져서 돌아왔다. 첫 번째는 뭐라고 하지 않았는데 이번에 그냥 넘어 갈 수 없어서 혼을 냈다. 주의를 기울이지 않았다고 생각했기 때문이다. 하지만 그것도 효과가 없었는지 얼마 후 다시 바지가 찢겨져서 돌아왔다. 처음 두 번과는 달리 이번에는 혹시 학교에서 무슨 일이 있는지 걱정이 되었다. 학교에서 일어나는 집단 따돌림이나 학교 폭력 등의 문제가 떠올랐기 때문이다. 혹시 아이가 학교에서 못된 애들한테 괴롭힘을 당하는 게 아닌가 하는 걱정이 몰려왔다. 이런 걱정에 엄마는 학교 담임선생님을 만나 아이에 대해 이야기를 했지만 우려할 만한 일들은 없었다. 주변에 누군가에게 괴롭힘을 당하거나 왕따 같은 일들은 없었다. 친구 관계도 원만했다. 나중에 알게 된 원인이 충격적이었다. 옷은 아이가 직접 그렇게 한 것이었다. 아이는 엄마가 사준 바지를 날카로운 칼로 비슷한 부위를 반복해서 찢어버렸다. 그리고 그 상태로 집에 온 것이다.

이 이야기는 한 중학교 아이의 수동적 공격성이 어떻게 표현되는지에 관한 내용이다. 너무 강한 부모님, 특히 자기 삶에 깊숙이 개입해서 영향력을 미치는 엄마에 대한 아이의 반응에 관한 것이다. 자신의 의지, 감정, 생각을 전혀 받아들이지 않는 엄마. 엄마가 짜 놓은 숨 막히는 계획대로 움직여야 했던 아이는 화가 났다. 중학교 아이에게 엄마는 너무 많은 것들을 기대하고 바랬다. 아이는 엄마의 기대를 채워주려고 노력했지만 그게 쉽지 않다는 것을 알게 되고 점점 지쳐 갔다. 그리고 그런 상태는 아이 안에 분노의 감정을 심어 주었다. 아이는 그런 자신의 상태를 표현하고 싶었지만 상대가 너무 강했다. 아이가 택할 수 있는 방법은 제한되어 있었다. 자신의 감정을 직접적으로 풀어낼 수 있는 방법이 없었기에 결국 엄마가 사준 청바지를 찢어내는 것으로 자기 분노를 표현했다.

수동적 공격방법은 무서운 대상을 향해서 을들이 택할 수 있는 소극적 방법 중에 하나다. 이 공격법은 다양한 형태로 표현이 된다. 이 아이처럼 엄마가 사준 옷을 찢어 버린다든지, 냉소적인 농담을 사용하거나, 약속 어기기, 또는 앞에서는 긍정하고 돌아서면 부정적인 내용을 말하고 다니는 것 등등 다양하다. 흔한 것 중에 하나는 상대방의 요구에 수락의 의사를 밝히고 나서 절대로 그 일을 하지 않거나 설혹 한다고 해도 시간을 엄청 지연시키거나 불성실하게 하는 방식이다. 부부 사이에서도 이런 수동적 공격의 방법은 자주 그리고 아주 흔하게 일어나곤 한다. 아내나 남편의 요구에 하겠다고 말하고서 하지 않는 경우다. 남편이 너무 주도적이고 힘이 센 경우 수동적 아내의 공격 방법은 남편이 좋아하는 것들을 하지 않는 방법이다. 예를 들어, 생선을 좋아하는 남편에게 계속해서 야채 요리만 해 주든지, 생선 요리를 해도 아무 맛도 없이 해 주는 식으로 말이다.

단체나 모임에서 주도적인 리더를 향한 조직원들의 수동적 공격성도 이와 비슷한 형태를 보일 수 있다. 리더가 요구하는 것들을 하겠다고 말하고 하지 않는다. 리더가 정한 시간에 늦게 오거나 아예 나타나지 않기도 한다. 리더 앞이나 공개적인 장소에서는 리더의 추진력이나 운영 방법을 칭찬한다. 하지만 뒤에서는 전혀 다른 모습이 된다. 은근히 험담하거나 깎아 내리기도 하고 어떻게든 실수를 찾아내서 이야깃거리를 만들어 낸다. 이런 식의 사람은 대하기도 어렵고 상대편을 혼란스럽게 한다. 앞에서는 칭찬하고 신뢰를 주는 행동을 하지만 뒤에서는 전혀 다른 행동을 하기 때문이다. 협조한다고 말하고서 전혀 협조하지 않는다. 언제나 약속한 만큼 해내지 않고 항상 부족하며 다른 방식으로 일을 끝낸다. 이런 사람이 한 말을 믿고 뭔가 중요한 일을 기다리거나 끝내기로 했다면 반드시 여유를 두고 기다려야 한다. 낭패를 당할 수 있기 때문이다.

예를 들어, 이사 갈 새로운 집을 짓는다고 해보자. 당신은 그 집을 짓기 위해 정해진 예산을 세우고 날짜까지 잡아 놓았다. 그런데 수동적 공격성을 가진 사람이 그 공사를 맡아서 하게 됐다. 당신과 갈등이 있지 않다면 큰 문제가 없을 수 있다. 그러나 당신이 요구하는 것이 그 사람의 마음에 들지 않거나 갈

등이 생기면 상황이 바뀔 수 있다. 직접적으로 당신에게 불만을 표하지 않을 것이다. 그게 그의 방식이 아니기 때문이다. 당신이 알지 못하게 알아도 어쩔 수 없게 할 것이다. 아마도 그는 당신과 함께 약속한 공사금과 기간에는 절대 일을 끝내지 않을 것이다. 당신 앞에서 '네, 걱정마세요. 부탁하신 시간에 반드시 끝내겠습니다. 더 이상 추가 비용도 없습니다'라고 말하기 쉽다. 당신은 그 말을 믿고 지금 살고 있는 집에서 공사 기간에 맞춰 이사를 해서는 안 된다. 왜냐하면 그 사람은 절대 그 기간에 끝낼 수 없거나 끝낼 생각이 없을 것이다. 당신이 불안하거나 화가 나서 그 사람을 재촉하면 재촉할수록 공사 기간, 금액은 조금씩 더 늘어날 것이다.

▶ 세 가지 분노 표현의 방법

분노표현의 수동적 공격성에 대해서 말했다. 오죽하면 이런 방법을 써서 자기 분노를 표현할까 생각하니 안타깝기도 하다. 화는 나는데 표현할 수 없어서 그냥 다른 방법을 찾게 된 것이다. 상대가 너무 강하니까 그 사람한테는 할 수 없고 그 대안으로 다른 것이 애꿎은 화풀이 대상이 된 것이다. 부부 싸움을 심하게 한 경우 엄마의 분이 풀릴 때까지 엄마 옆에 나타나면 안 된다. 잘못하면 남편한테 쌓인 화를 눈에(?) 띈 그 아이한테 다 쏟아 부을 수 있기 때문이다. 재수 없게 걸리면 영문도 모르고 당하게 된다. 직장 상사는 직장 상사대로 자기가 가진 분노를 자기보다 아래에 있는 부하 직원에게 이런 식으로 풀어낼 수도 있다. 자기가 당하면 그 당한 화를 어떻게든지 풀어내야 한다. 받기만 할 수 없기 때문이다. 차곡차곡 쌓여서 한계에 다다르면 누군가에게 어떤 대상에게로 그것은 향하게 된다.

분노표현의 수동적 방법에 대해서 이야기 했다. 이와 관련해서 학계에서는 크게 세 가지로 분노를 다루는 방법을 이야기 한다. 그 세 가지는 분노표출(anger-out), 분노억압(anger-in), 그리고 분노조절(anger-control)이라는 방법들이다(Spielberger, Reheiser, & Sydman, 1995). 분노표출은 화가 나면 겉으로 그것을 표현하는 것이다. 표정이나 말투, 그리고 직접적 행동을 하기 때문에 주변에서 알아볼 수 있다. 분노억제는 화는 났지만 이를 부정하는 것이다. 화를 누르고 화가 났다는 사실을 받아들이지 않는 것으로 겉으로 표현하려고 하지 않는다. 이런 상태는 화가 났을 때 말을 하지 않고 숨거나 화나게 한 대상이나 장소를 피하게 된다. 그리고 속으로 그 대상이나 환경을 비판하는 경우이다. 우리가 흔히 말하는 '삐친' 상태가 된다. 마지막 분노조절은 화가 났다는 것을 인식하고 그 상태를 극복하기 위해 적극적으로 해결책을 찾는 방법이라고 할 수 있다. 분노조절을 제외한 나머지 두 방식은 역기능적 방법으로 다 부정적 선택이나 해결방법이다. 화를 내는 사람이나 화를 참는 사람이나 둘 다 좋지 않다는 의미다(Bilodeau, 1992; Gottlieb, 1999).

분노가 쌓인 사람은 각자 그 분노를 해결하는 방법이 있다.

어떤 사람은 분노를 쏟아내 버리는 사람이 있다. 참지 못하고 화를 막 내버리는 사람들이다. 불같은 사람으로 건들면 터지는 유형이라고 할 수 있다. 흔히 화를 내고서 '나는 성질은 급하지만 뒤끝은 없어'라고 말하는 사람일 수 있다. 첫 번째에 분노표출을 하는 방법과 비슷하다. 반대로 절대 화를 내지 않고 참는 유형도 있다. 무슨 일이 있어도 화를 내지 않는다. 참을 인(忍)자 세 개 정도를 앞머리에 새기고 다니는 사람들처럼 좀처럼 화를 내지 않는다. 안으로 삭이고서 끙끙 앓는 사람들로 혼자 괴로워하는 형이다. 또 다른 유형은 화를 내기는 내지만 직접적으로 드러내지 않는다. 화를 조금씩 다른 형태로 흘리고 다닌다고 할 수 있다. 막 화를 내면 안전하지 않다고 느끼기 때문에 순화해서 자기 화를 풀어낸다. 그러나 상대편이 눈치 채지 못하게 교묘한 방법을 쓰는 사람들이다. 앞서 언급한 수동적 공격성이 여기에 해당한다(Ingram and Johnson, 2009). 아마도 이 두 방법은 분노억압에 가깝다. 그러나 이 두 방법 모두 다 건강한 것은 아니다.

지금까지 언급한 것들에 덧붙여 좀 더 간단히 분노 표현 방법을 정리해 볼 수 있다. 구분이 좀 더 쉬운 세 가지 방법이다. 그 세 가지는 다음과 같다.

"폭발형"
"누수형"
"참는형"

폭발형은 참지 않고 분노를 터뜨리는 사람, 누수형은 조금씩 분노를 흘리는 사람. 그리고 참는형은 분노 표현을 하지 않고 혼자서 참고 안으로 정리하는 유형이다. 이 가운데 누수형이 수동형 공격성을 사용하는 전형적인 타입이다. 좀 더 이해를 쉽게 하기 위해 간단한 예를 들어 보자. 차를 몰고 가는데 누군가 뒤에서 너무 늦다고 빨리 가라고 경적을 울리면서 막 재촉했다고 해 보자. 이 세 유형의 반응이 다 다르다. 먼저 폭발형은 차 문을 열고 소리를 지르거나 차를 바로 세우고 싸우려고 덤벼들 수 있다. 자기를 뒤에서 위협하는 사람에게 화가 나는 것을 참지 않는다. 당장 자기감정을 격렬하게 표현한다. 전형적인 폭발형의 반응 방법이다. 참는형은 전혀 다르게 반응한다. 이형은 만일 누군가 뒤에서 그렇게 몰아댄다면 조용히 옆으로 차를 갔다 대고 길을 내 준다. 그리고 '아이고 성질도 참 급하네!'라고 한마디 하고 그 다음 아무 일도 없던 것처럼 가던 길을 간다. 한편, 누수형은 자기 분노를 폭발형처럼 극적으로 표현하지 않고 참는형처럼 억압하지도 않는다. 이 유형은 조금씩 분노를 새어나오게 하는 사람이라서 누수형이다. 수동적 공격 방법이 이들이 사용하는 분노표현법이다. 차를 비켜 주지도 않고 폭발형처럼 창문을 열고 소리를 지르지도 않는다. 오히려 속도를 더 늦추고 천천히 차를 몰아간다. 뒤에서 소리 지르는 사람이 분해서 아주 미쳐 돌아가도록 아무 일도 없다는 듯이 움직여 간다. 뒤따라오면서 빵빵 거리는 사람이 운전하다가 누수형을 만나면 아마도 혼자 흥분해서 혈압으로 쓰러질 수도 있다(Ingram & Johnson, 2009).

수동적 공격형에 대해서 이야기 하고 누수형이 어떻게 분노를 풀어내는지도 이야기 했다. 참는형을 말했는데 잠깐의 예에서 보면 가장 이상적으로 보인다. 화를 내지 않고 자기 안에서 소화해 내는 것처럼 보이기 때문이다. 이런 사람이 주변에 많으면 서로 싸울 일이 없다. 잘 받아주고 아무리 화를 내도 되받아 칠 일이 없으니 말이다. 참고 또 참고 계속해서 참아내는 사람들. 주변 가족을 위해, 친구를 위해 조직을 위해 참고 견뎌내는 사람들. 그런데 이들은 괜찮을까?

▶ '개' 다음에 남자

현대에 들어와서 한국 여성의 역할과 사회적 지위가 과거와는 많이 달라졌다. 각종 통계나 교육, 직위 등을 봐도 우리 어머니 세대와는 정말 차이가 있다. 미국도 나오지 않는 여자 대통령이 한국에서 나오는 상황이기 때문이다. 이런 현상들이 잘 드러나는 게 아마 남자, 여자의 관계를 빗댄 풍자스런 유머들이 아닌가 싶다. 보통 남자들이 과거에 비해 얼마나 여자들 눈치를 보고 살아야 하는지 장난스럽게 빗댄 말들이다. 보통 이렇게 시작한다. '이사 갈 때 버리고 갈 수 있으니까 꼭 강아지를 데리고 있어라', '집사람이 나갈 때 어디 가냐고 절대로 물어봐서는 안 된다', '요즘은 눈뜬다고 두드려 맞는다' 등등... 또는 동창회에 갔다 온 아내가 시무룩해 있는 모습을 보고 남편이 왜 그러냐고 물었다. 아내 왈, '내 동창들 남편은 다 죽었는데 나만 아직 남편이 살아있어'라는 식이다.

이건 실제 겪었던 일이다. 처음 외국에 나가서 알게 된 분이 계셨는데, 이민을 오신지 거의 35년 가까이 되셨다. 하루는 아침 식사 이야기를 하다가 나한테 '아침 뭐 먹고 다녀?'라고 가볍게 질문을 하셨다. 한국에 나와 이제 외국 생활을 시작한지 얼마 되지 않았을 때였다. 결혼한지도 얼마 되지 않았고 외국 생활을 시작한지 얼마 되지 않아선지 아직도 '한국식'이 많이 익숙한 때였다. 아침 일찍 학교를 가야 하는 나를 위해서 아내는 정성스럽게 아침을 챙겨 주곤 했다. 지금 생각해 보면 어떻게 그랬는지 모를 정도로 아내는 부지런히도 날 먹이곤 했다. 위가 좋지 않았기 때문에 아내는 소화가 잘 되는 음식으로 정성껏 준비해 주었다. 그런 상황에서 그분의 질문에 나는 '오늘 아침에 된장국 끓여줘서 먹고 나왔는데요'라고 대답했다. 이런 순진한 나의 대답에 외국생활 35년차 되어 가는 베테랑 선배님은 정색을 하셨다. 그러시면서 '아직도 된장국을 먹고 다녀? 시리얼 먹고 다녀'라고 말씀하셨다. 사실 한국에 있을 때도 종종 시리얼을 먹고 다녔다. 편하기도 하고 달달해서 좋아했기 때문이다. 그런데 과자 부스러기 말린 거에 우유를 부어 먹는 시리얼이 간편하기는 하지만 왠지 양도 차지 않고 시원찮아 보였다. 정성도 들어간 것 같지 않고 여러 가지로 정서에 맞지 않아 보여 아침 식사대용으로는 전혀 고려 대상이 아니었다. 30년이라는 세월을 '아침은 든든히 먹어야 돼', '늙으면 밥심으로 산다'는 말을 수없이 듣고 그렇게 말해 왔던 나였기 때문이다. 아무리 먹을 것 없어도 '시리얼'은 간식 이상은 아니었다. 그런데 그 시리얼이 내 아침 식사메뉴가 되는 데는 그렇게 오랜 시간이 걸리지 않았다.

외국에 살면서 버스 탈 때 순서가 있다는 말을 들었다. 그 첫 번째 순서로 어린이, 노인, 그 다음이 여자, 개 그리고 가장 마지막이 남자라는 말이다. '개' 보다도 못한 남자라니! 간혹 살면서 '남자한테 여자가 감히'라는 태도를 가진 분들을 볼 때가 있다. 그런데 그런 말들을 들을 때마다 그냥 공허하다. 아무 것도 없는 사람이 자존심만 남아서 부리는 허세 같이 느껴진다. 요즘은 더 그렇다. 그냥 '현실성이 떨어지는 공갈'이나 '마지막 발악' 같다. 때가 어느 땐데 그런 말을 하나 싶다. 너무 비겁해졌나....!

어릴 때 어머니나 다른 가족들한테 아버지가 어떤 존재인지를 생각해 보면 정말 달라진 현실이 느껴진다. 지금 생각해 보면 아버지는 모든 것에 예외였던 것 같다. 음식을 먹을 때도 아버지 것은 항상 따로였다. 식사를 해도 아버지가 먼저 드신 후 우리는 먹을 수 있었다. 맛있는 것은 항상 아버지가 양껏 드신 후 우리 차지가 되곤 했다. 가족들이 무슨 말을 하다가도 아버지가 일단 이야기를 시작하면 들어야 했다. 그것이 무슨 말이든 아버지가 하시는 말씀이기 때문이다. 아버지는 집안에 어른으로 모든 일을 결정했다. 우리는 아버지가 가족 안에서 가장 중요한 위치에 계신다는 것을 어릴 적부터 암묵적으로 배우고 자라났다. 최종 결정자로서 아버지가 정하신 것을 가족들은 지켜야 했다. 그만큼 아버지의 권위는 가족 안에서는 절대적이었다.

우리가 사는 현대에서 이런 식의 가부장적 권위를 세워가고 주장하는 가족들이 많지 않을 거라고 생각한다. 그러나 그렇게 멀지 않은 시대에 한 집안의 가장의 권위는 상당했다. 이렇게 아버지의 힘이 세지다 보니 여성을 대표하는 엄마의 모습은 상대적으로 축소되거나 억압되어야 하는 상황이 반복되었다고 볼 수 있다. 2000년도 발표되어 큰 반향을 일으킨 시인 심순덕 씨의 시 한편을 보자.

'엄마는 그래도 되는 줄 알았습니다'

엄마는
그래도 되는 줄 알았습니다
하루 종일 밭에서 죽어라 힘들게 일해도

엄마는
그래도 되는 줄 알았습니다
찬밥 한 덩이로 대충 부뚜막에 앉아 점심을 때워도

엄마는
그래도 되는 줄 알았습니다
한겨울 냇물에 맨손으로 빨래를 방망이질해도

엄마는
그래도 되는 줄 알았습니다
배부르다 생각없다 식구들 다 먹이고 굶어도

엄마는
그래도 되는 줄 알았습니다
발뒤꿈치 다 헤져 이불이 소리를 내도

엄마는
그래도 되는 줄 알았습니다
손톱이 깎을 수조차 없이 닳고 문드러져도

엄마는
그래도 되는 줄 알았습니다
아버지가 화내고 자식들이 속 썩여도 전혀 끄떡없는

엄마는
그래도 되는 줄 알았습니다
외할머니 보고 싶다
외할머니 보고 싶다, 그것이 그냥 넋두리인 줄만....

한밤중 자다 깨어 방구석에서 한없이 소리 죽여
울던 엄마를 본 후론
아!
엄마는 그러면 안 되는 것이었습니다

이 글을 쓰신 심순덕 시인은 비교적 유복한 집안에 막내로 태어났다고 한다. 젊은 나이에 어머니를 잃고 그분의 삶을 담담하게 써 내려간 회상적 시는 비교적 짧지만 우리 어머니 세대가 어떤 삶을 살아가셨는지 잘 보여준다. 가족, 남편을 위해 끝없는 헌신과 자기희생의 모습을 몸소 보여주고 살다 가신 어머니. 이 글을 쓰는 내가 속한 세대들과 그리고 앞으로 오는 세대들도 이런 어머니의 헌신에 엄청난 빚을 지고 있다. 댓가도 없이 드러나지 않게 무조건적으로 헌신한 자기희생의 상징처럼 돼 버린 '우리 어머니.' 생각하면 생각할수록 미안하고 죄송스럽고, 안쓰럽다.

그런데, 그런데 말이다. 이 시를 읽으면서 끊임없이 밀려드는 질문은 있다.

'왜 무엇 때문에 이렇게 희생하셨을까?'

▶ 여성의 분노-화병

요즘 TV를 보거나 신문기사를 읽을 때 심심찮게 들려오는 이야기가 노인부부 살인에 관한 것들이다. 자주는 아니지만 잊을 만하면 부인이 남편을 살해했다는 식의 살벌한 이야기가 들려온다. 늙은 남편이 아내한테 구타를 당해서 죽었다는 다소 황당한 내용이다. 그 방법도 망치로 머리를 쳐서 죽였다는 등 예사롭지 않다. 아마 우리 중 어느 누구도 노년에 그런 식의 죽음을 기대하지는 않을 것이다. 죽임을 당한 그분도 예외는 아니었을 것이다. 쉽지 않은 힘든 인생을 사셨을 게 분명하다. 그만큼 마지막은 많은 가족들 축복 속에 평안히 가고 싶으셨을 것이다. 그것이 누구나 기대하는 인생의 마지막 모습일 테니까 말이다. 그런데 망치로 머리를 맞아서 황혼의 나이에 생을 정리하게 되다니. 그것도 자기를 가장 사랑하고 지켜줘야 할 평생을 함께해 온 배우자한테...!

충격적이다. 강의를 할 때 사람들한테 이런 상황을 빗대 농담처럼, '이제는 남자분들 주무실 때 절대 그냥 주무시면 안 됩니다. 머리에 꼭 헬멧을 쓰시고 주무세요. 혹시 자다가 벌어질 일을 방지하기 위해서요...'라고 말하곤 한다. 농담처럼 하는 말이지만 실제로 현실에서는 벌어지고 있다. 그런데 그런 극단적인 행동을 취한 분들의 이야기를 들어보면 왜 그럴 수밖에 없었는지 이해가 간다. 이 분들은 젊어서 아무것도 모르고 부모님이 정해준 사람을 만나 결혼 생활을 시작했다. 결혼과 함께 남편을 운명으로 받아들인 것이다. 그리고 결혼 생활 대부분이 폭력적인 남편 밑에서 정서적, 육체적 학대를 경험하신 경우들이 많다. 지금 같으면 좀 달라질 수 있었겠지만 그 당시에는 가족들, 자녀들 걱정에 그냥 참고 사셨다고 한다. 그러다 남편이 힘이 없고 늙게 되면 상황이 바뀌게 된다. 남편이 전적으로 아내에게 의지를 해야 되는 상황이 된다. 그런데 남편은 늙었음에도 예전 성격을 버리지 못했다. 과거처럼 똑같이 화를 부리고 폭력적 행동을 반복했다. 그러자 그만 부인이 참지 못하고 그런 '우발적' 사건을 저지르는 일이 발생하게 된 것이다. 우발적이라고 하지만 그러나 결코 그렇지 않아 보인다. 참고 참아온 것이 쌓여서 그만 터져 버린 것이다.

배우자 폭력이 사회적으로 심각한 문제가 되고 있다. 배우자 폭행은 어제 오늘 일도 아니고 우리나라만 있는 현상도 아니다(Kim, 2009). 우리 부모님 세대에는 정말 흔히도 일어났던 일이다. 오죽하면 속담에도 '북어하고 마누라는 삼일에 한 번씩 두드려야 한다'고 말할 정도였을까 싶다. 그 만큼 배우자 폭행은 사회에서 공공연히 암묵적으로 받아들여지는 분위기였다. 그 후로 시대가 많이 바뀌었다. 요즘은 확실히 그런 일들이 줄어든 것 같기도 하다. 젊은 세대들은 그런 부분에서는 많이 영리해진 것 같기도 하고 설혹 그런 일들이 실제로 발생하면 잘 대처해 나가는 것 같다. 그런데도 완전히 없어진 것은 아니다. 여전히 배우자 폭행사건은 빈번하게 일어나고 있다.

통계에 그 수치가 정확히 나타난다. 2013년도 '한국여성의 전화' 조사에 따르면 여성 살해가 123건, 그리고 살인미수가 75건이다. 이 숫자는 앞에서도 언급했다. 놀랍게도 이 살인과 살인미수는 가장 가까운 남편이나 애인에게 당한 여성들의 숫자다(2018년 6월 8일 검색, 한국여성의 전화, http://hotline.or.kr/board_statistics). 특정한 대상이 정해져 있지 않고 원인도 없는 소위 '묻지 마 범죄'의 주된 대상도 여성이다. 묻지 마 범죄를 저지르는 대상은 주로 남성, 그 피해자는 대부분 여성이라는 말이다(2018년 6월 8일 검색, 정환봉, "여성이라는 죽을 죄?", 한겨

레21(2016.05.31.), http://h21.hani.co.kr/arti/cover/cover_general). 요즘 사회적으로 정말 이슈가 되고 있는 '미투'운동도 여성에게 가해지는 폭력이 얼마나 심각한지 보여주는 좋은 예다. 다행이도 여성 성폭력에 대한 문제제기와 논의 그리고 개선방안에 대한 조율들이 1990년부터 활발히 진행되어 오고는 있다. 그럼에도 불구하고 여성에 대한 성폭력은 더 광범위하고 난폭해지며 꾸준히 증가하고 있는 실정이다(2018년 6월 8일 검색, 한국성폭력상담소, "한국성폭력상담소 2014년 상담통계현황", http://www.sisters. or.kr/load).

여성이 처한 상황이 이런데도 자신의 부당함을 드러내 놓고 표현하는 것이 쉽지는 않다. 더 심각한 것은 자신의 분노를 표현할 수 있는 사람이 있는 반면에, 그것조차도 잘 안 되는 경우도 있다. 심각한 폭력 앞에 노출된 여성이 자신이 당하고 있는 어려움이나 분노를 표현하는 것은 당연한 것이다. 그렇지만 그마저도 쉽지 않은 사람이 있다. 앞서 언급한 '분노 폭발형' 같은 경우는 화를 내 버리면 그만이다. 주변이야 어떻게 되든 말든 일단 화를 내니까 그것을 참으면서 겪게 되는 결과에는 좀 자유스러울 수 있다. 문제는 화가 나도 화를 낼 수 없거나 그 원인을 자신에게서 찾는 게 익숙한 사람들이다. 무조건 '참는 형'을 말하는 거다. 그렇게 된 데에는 사회-문화적 이유들도 있다. 남자는 여성에 비해 화를 내거나 분노하는 것이 어느 정도 용납이 되는 그런 사회-문화적 환경을 말한다. 오히려 화를 내지 않는 것이 '남자답지 못해 보인다'는 인상을 받게 하는 경우도 있다.

남자 아이들은 어릴 때부터 이런 분위기에 익숙하게 자라곤 한다. 남자아이는 태권도장, 여자는 무용 같은 좀 여성스럽다고 여기는 것들을 배우게 하는 식이다. 남자는 적어도 맞고 다니지는 말라는 메시지를 준다. 누군가에게 맞고 오는 남자아이를 향해 아빠가 '남자 녀석이 칠칠맞게 맞고 다니니. 다음에 그러면 참지 말고 더 세게 때려 버려'라고 말하는 것들을 종종 듣곤 했다. 진짜로 그런 일들이 일어나서 당하지 않고 돌려주면 그건 남자로써 어느 정도 허용이 된다. 그런데 만약 여자아이가 남자아이 같은 '대응전략'을 썼다면 반응이 사뭇 다를 수 있다. '여자아이가 왜 이렇게 억세니', '여자 아이가 대가 세네' 등등.... 남자아이가 들을 수 없는 말들을 들어야 할 것이다. 이렇다 보니 여자들이 선택할 수 있는 방법이 그렇게 많지 않다. 참거나 그 잘못을 자기한테로 돌리는 방법이다(제임스 폴링/이화목회상담센터 역, 2015).

'차라리 내가 참고 말지'하는 방법이 어쩌면 가장 쉬운 방법 중에 하나일 수 있다. 복잡하게 전후를 따지지 말고 한 사람이 그냥 다 뒤집어쓰면 되기 때문이다. 그런데 그 결과는 절대 쉽지 않다. 그렇게 내가 참고 말지 하면서 꼭꼭 숨겨둔 분노 때문에 겪게 되는 다양한 증상들이 있기 때문이다. 그 중 우울증 같은 것이 가장 대표적인 것 중에 하나다(미리암 그린스팬/고석주 옮김, 2006). 분노 때문에 정서적 어려움을 겪는 심리적 반응이다. 또는 신체적 증상으로도 나타날 수 있다. 소화장애나 불면증, 두통 같은 것들이다. 어딘가 계속 아프고 통증을 느끼지만 딱히 진단할 수 없는 병들을 앓기도 한다.

이런 것들을 한마디로 잘 요약해 주는 증상이 바로 '화병'이다. 이 화병은 주변 상황으로부터 발생한 분노가 장기적으로 쌓여서 가슴 답답함, 두통, 심계항진, 가슴치밈 같은 증상을 보이는 것을 말한다(구세준, 배성만, 현명호, 2011). DSM-TV에서는 이 화병을 한국 사람이 가진 독특한 문화관련 증후군으로 소개하고 있다. 다른 나라에서 발견할 수 없는 한국 사람만이 가진 독특한 정신질병 중에 하나가 이 화병이다.

이 화병의 직접적인 원인은 분노다. 특이점은 '내 안의 분노를 발산하지 못해서 그것이 차곡차곡 쌓여 나타나는 증상'이라는 점이다. 그래서 이 증상을 호소하는 주 대상은 남성보다 여성이 많고 여성 중에도 기혼 여성이나 나이 많은 사람들이다(박지환, 민성길, 이만홍, 1997; 박영주, 김종우, 조성훈, 문소현, 2004). 최근에는 남성들에게서도 화병이 발견되지만 남성의 화병은 분노를 표출하는 과정에서 발생하는 반면, 여성은 분노를 참고 억제하는 형태와 관련이 더 깊다(권호인, 이소영, 권정혜, 2012). 쉽게 말해 남성은 화를 내다가 화병이 발생하는 경우고 여자는 참다가 화병이 생기는 상황이다. 앞서 살펴본 심순덕 시인의 '엄마는 그래도 되는 줄 알았습니다'라는 시를 되새겨 본 이유다. 가족을 위한 어머니의 무한한 희생. 자신의 모든 것을 다 태워서 가족을 위해 헌신한 어머니의 사랑을 그 시는 너무도 절절히 잘 표현해 주었다. 읽는 내내 숙연해지고 마음속에 묻어나는 감정은 미안함과 죄스러움이다. 어머니의 그런 희생적인 마음을 알기 때문이다. 그런데 한편으로는 '이렇게 참아낸 어머니의 속마음은 어땠을까?'라는 생각을 떨쳐낼 수 없었다. 시인은 그런 우리 마음과 어머니의 심정을 마지막 구절에서 너무도 잘 집어내 주고 있다. 그 구절은,

"한밤중 자다 깨어 방구석에서 한없이 소리 죽여 울던 엄마를 본 후론, '아! 엄마는 그러면 안 되는 것이었습니다'"

로 끝난다. 이 시 속의 어머니는 전형적으로 '참는형'이셨던 것 같다. 뭐 아마도 대부분의 우리 어머니들의 세대가 이렇지 않았을까 싶다. 말 한마디 제대로 못하고 온 몸으로 모든 것을 다 받아내고 참아내셨던 어머니 세대들. 살면서 얼마나 힘든 일들이 많고 화날 일들이 있었을 텐데, 참고 살아야 했던 어머니들. 그 감정들이 그분들 안에서 차곡차곡 쌓여져 갔을 것 같다. 이 시속의 어머니가 만약 진단을 받으셨다면 어땠을까? 당연히 진단명은 '화병'이었을 것이다.

어머니들이 이렇게 참고 사셔야 하는 이유가 사회-문화적 원인이 있다는 것은 오랫동안 유교적 전통아래 있어온 한국 상황을 말한다. 여성으로 태어나서 평생 누군가에게 예속되는 법을 가르치는 삼종지도(三從之道)나 일방적으로 여성의 권위를 무시하는 것으로 보여질 수 있는 칠거지악(七去之惡) 같은 유교적 가르침들이다. 많은 좋은 유교적 가르침들이 있다. 그럼에도 이

런 전통들이 여성들에 대한 편견을 갖게 하고 남녀 간의 차이를 만들어 냈다. 상대성을 존중하기보다 한쪽을 우월하게 다른 쪽을 열등한 존재로 바라보게 했다는 의미다. 이런 유교적 전통이 강한 한국의 문화-사회적 영향이 한국 여성의 여성상에 대해 지대한 영향을 가져왔다는 것은 말할 것도 없다. 사회가 원하는 어머니상과 여성상을 만들어서 강요하고 그렇게 살도록 한 것이다(Nam, Lee & Hwang, 2011; Lee, 2006).

심심찮게 들리는 황혼이혼에 관한 이야기나 아내의 남편 살해의 이야기가 이해가 간다. 앞서 말한 대로 분노 표현은 사회-문화적으로 남성 편향적이다. 직장 상사한테 화가 나거나 일에서 오는 분노를 남자는 '만만한' 아내한테 풀어댈 수 있다. 반면에, 여성은 참고 인내하고 견디는 게 마치 '현명한 아내'처럼 받아들여지곤 했다. 사회가 그렇게 만들어 가도록 일정 부분 허용하는 것도 있다. 자녀를 위해서 참아야 한다고 하고 그런 암묵적인 분위기도 만들어 간다. 여자이기 때문에 참고 견뎌야 한다고 말한다. 그러다가 결국 한계에 부딪히고 만다. 갱년기 여성이 급격한 감정의 기복을 경험하기도 한다. 때로는 가슴에 무언가 받쳐 올라와 숨쉬기 힘들 정도로 고통스럽다고 호소하기도 한다. 맨발로 뛰쳐나가 소리를 지르거나 순간 정신을 잃을 정도로 무언가에 휘어 잡히기도 한다. 참다가 생긴 병이다. 전형적인 화병 증상이다. 그래서 무조건 화를 참는 사람들을 보면 불안하다. 언제 터질지 모르기 때문이다. 한번 터지면 본인이 주체할 수 없을 정도가 되기도 한다. 우리 주위의 너무나 많은 어머니들이 이 상태로 살아가고 계신다. 걸어 다니는 폭탄이다. 본인들만 그걸 모르고 계신다.

▶ 관계의 파괴

분노가 어떤 결과를 가져 오는지를 좀 길게 이야기 했다. 분노가 쌓여서 결국 자신에게 남기는 여러 가지 부정적 결과들 말이다. 표출하는 방법도 정상적이지 않고 그 마지막도 그다지 긍정적이지는 않아 보인다. 순간 화가 치밀어 올라 분노에 휩싸이면 전혀 예상치 못한 일들을 하곤 한다. 습관적인 분노적 성향을 가진 사람은 말할 것도 없고 참다 폭발하는 경우도 그렇다. 분노에 휩싸여 이성을 잃게 될 정도가 되기도 한다. 우발적 분노로 인해서 살인사건이 일어나는 경우다. 그 감정이 너무 강렬해서 그 후의 결과를 생각하지도 못할 정도가 되기 때문이다. 분노 때문에 누군가를 살해했다면 다른 사람의 인생뿐 아니라 가해자인 본인도 결코 돌이킬 수 없는 길을 가는 것이다. 거의 매일이다시피 올라오는 '보복운전' 같은 경우도 마찬가지다. 한순간 분노를 조절하지 못해서 멀쩡한 사람이 형사처벌을 받게 되는 상황에 처하게 된다. 보복운전의 경우를 보면 당하게 될 결과에 비해 원인이 되는 일들은 그리 대단한 것들이 아니다. 갑자기 차선에 끼어든 차량, 뒤에서 경적을 울렸다는 것, 또는 잠시 좀 늦게 가거나 자기 차선을 막고 있었다는 내용들이다. 조금만 양보하면 그렇게까지 가지 않아도 될 일들이 대부분이다. 그런데 차만 타면 사람들이 돌변한다. 조금만 참으면 되는 일이다. 그 순간의 분을 참지 못하고 일을 내고 만다. 결국 평생 후회할 일들을 하고 만다.

층간 소음문제만 해도 그렇다. 위아래 사는 이웃 간에 이 문제로 서로 죽이는 일들이 발생한다. 전과 경력도 없고 평범한 시민들 사이에서 벌어지는 일이다. 물론 한 순간에 일어난 일이 아니라고 믿는다. 오랜 기간 소음문제로 다투다가 쌓인 감정들이 폭발했을 것이다. 그런데 살인까지 할 정도인가? 이분들이 살면서 과연 그런 일들이 본인한테 벌어질 거라고 상상이나 했을까? 분노라는 감정이 순식간에 우리를 어떤 방향으로 몰아갈 수 있는 보여주는 '아주 극단적인 예들'이다.

이렇게 갑자기 일어난 감정의 변화가 한 개인이 감당할 수 없는 결과를 가져온다. 한순간의 실수가 누군가의 인생을 통째로 바꾸어 놓고 만다. 문제는 분노를 품고 참든지, 아니면 폭발시키든지 그 결과는 다 긍정적이지 않다는 사실이다. 이런 부정적 결과 중에 가장 대표적인 것을 하나 뽑아야 한다면 '관계의 파괴'라고 할 수 있다. 분노 때문에 겪게 되는 관계의 파괴...... 분노 때문에 주변 사람들과 어려움을 겪어본 경험이 있는 사람들은 이게 무슨 의미인지 이해하리라고 믿는다.

한 가족이 있다. 남편과 아내, 아들이 있는 가정이다. 그런데 이 부부가 사이가 좋지 않다. 남편은 남편대로, 아내는 아내대로 서로에게 화가 나 있다. 아들도 예외는 아니었다. 남편은 열심히 일한만큼 대우를 받고 싶어 했다. 가족을 위해서 희생한다고 믿었기 때문이다. 한 집안의 가장으로 인정을 받고 싶고 존중받는 남편으로 받아들여지고 싶어 했다. 아내와 아들, 그리고 행복한 가정을 만들기 위해 묵묵히 열심히 일했다. 하지만 그런 자신을 아내는 무시한다고 믿고 있다. 무슨 말을 해도 아내는 코웃음 치고 빈정대기 일쑤다. 다른 건 다 몰라도 아이 앞에서까지 자기를 무시하는 것은 정말 참을 수가 없었다. 아내는 그런 남편이 못마땅했다. 남편은 직장을 다니며 돈을 번다는 핑계로 가족 일에 전혀 관심을 보이지 않았다. 결혼하면서부터 그런 남편의 태도는 변하지 않았다. 아이를 낳고 힘들어하는 자기를 도와 집안일을 해준 기억이 거의 없다. 일을 쉬는 날도 하루 종일 집에서 빈둥대기만 했다. 아이가 조금씩 자라면서 아빠를 많이 찾기 시작했다. 그래도 달라진 것은 없었다. 자기는 괜찮으니까 아이만이라도 좀 신경을 쓰라고 해도 대답뿐이었다. 사춘기를 거칠게 지낸 아이는 엄마하고도 아빠하고도 사이가 좋지 않다. 엄마가 조금만 무슨 이야기를 하면 화부터 낸다. 그런 아들한테 무작정 윽박지르기만 하는 아빠 때문에 셋이 같이 있는 날이 오히려 더 불안하다.

이 사례에서 남편은 가족을 위해 희생했다고 믿는다. 자신의 인생을 바쳐 열심히 일하고 아내와 자녀를 위해 헌신했다는 생각을 가지고 있다. 그런 자기의 삶을 아내와 아이를 통해서 인정받고 싶었다. 그러나 아내와 아이의 반응은 그의 기대와는 달랐다. 아내는 아내대로 바라는 것이 있었다. 남편이 열심히 살아 온 것은 인정하지만 가족은 없어 보였다. 밖에서는 어떨지 몰라도 가장으로써 아내는 남편을 인정할 수 없었다. 아내가 남편을 필요로 할 때 그는 항상 그곳에 있지 않거나 있어도 있으나마나 한 존재였다. 이 둘은 서로에 대한 불만이 대단했다. 노력했음에도 정당한 대우를 받지 못하고 있다고 믿는 남편, 정작 필요할 때 항상 그의 부재를 느껴야 했던 아내. 둘 사이에 남아 있는 건 서로에 대한 '분노'였다. 대화 자체가 힘들었다. 자기 이야기만 하다 끝나고 서로가 들으려 하지 않았기 때문이다. 대화는 서로에게 얼마나 화가 나 있는지만 확인시켜 줄 뿐이었다. 간혹 한마디씩 던지는 말도 서로를 빈정대거나 자극하는 말뿐이다.

처음 아내를 만나 결혼하던 때가 생각난다. 누군가를 만나서 한 평생을 살기로 결정한다는 것은 결코 쉽지 않은 일이다. 아무리 좋고 비싼 옷을 사도 몇 년을 못가 질리고 만다. 요즘처럼 유행이 빠른 시기는 일 년 전에 샀던 옷도 한해가 지나면 촌스러워 보일 정도다. 어떤 분은 같은 차도 계속 타기 싫어서 3년이면 한 번씩 바꾼다는 분도 봤다. 나도 능력이 된다면 6개월마다 한번 씩 바꾸면 좋겠다는 생각도 해 본다. 뭔가 한 가지를 오랫동안 사용한다는 것은 그 만큼 쉽지 않다. 결혼은 한번 하면 되돌리기 쉽지 않다. 수십 년을 함께 할 배우자를 고르는 일이기 때문이다. 한 번 사용하고 나서 맘에 안 든다고 영수증을 들고 가서 반품을 요구할 수 없다. 좀 손해 보는 느낌이 든다고 버리고 새로 장만하는 게 아니다. 그렇게 하려면 엄청난 대가를 치러야 하기 때문이다.

사람들은 누군가를 만나서 한 평생을 살기로 결심하는 무모한 행동들을 아직까지도 하고 있다. 나도 그 중에 하나다. 양면을 가진 동전을 던졌을 경우 앞면이 나오거나 뒷면이 나올 확률은 50대 50이다. 숫자가 여섯 종류인 주사위를 던질 경우 나올 수 있는 수는 6가지, 1, 2, 3, 4, 5, 6이다. 이와 같이 어떤 일이 일어날 수 있는 것을 미리 계산해 보는 것이 '경우의 수'다. 복권이나 도박을 하는 사람들은 이런 경우의 수에 의존한다. 확률은 극히 떨어지지만 전혀 불가능한 것은 아니기 때문이다.

결혼은 이런 경우의 수를 미리 짐작해 보는 것이 거의 불가능하다. 확률게임이 아니기 때문이다. 어찌 보면 성공하거나 실패하거이다. 50대 50일 수 있다는 의미다. 좋은 배우자면 성공한 것이고 나쁘면 그 반대가 될 가능성이 많다. 엄청난 경우의 수를 계산해야 하는 도박이나 복권보다 훨씬 쉬워 보인다. 하지만 결혼은 경우의 수에 덧붙여 '의미의 수'라는 것이 존재한다. 이것은 '어떤 의미를 부여하고 해석하느냐에 따라 결과가 달라지는 상황의 수'라는 뜻이다. 그리고 이 의미를 수를 결정짓는 중요한 것 중에 하나가 '기대치'라는 것이다. '각 개인이 투자한 만큼의 대가를 바라는 정도'가 이 기대치다. 경우의 수에, 기대치를 고려한 의미의 수를 더하면 성공한 결혼이 과연 어떤 것인지, 그리고 실패는 무슨 의미가 있는지 결론 내리기도 쉽지 않다. 성공할 수 있지만 실패해도 어쩔 수 없다. 나는 성공했다고 믿을 수 있지만 배우자는 그렇지 않을 수 있다. 또 실패했다고 다시 시도해 볼 수도 없다. 그냥 어쩔 수 없이 결과를 받아들이고 살아야 되는 경우도 많다. 몇 십 년을 말이다.

재밌는 것은 이런 예측할 수 없는 확률성에도 불구하고 사람들은 결혼한다. 이런 행동 저편에는 막연하게 '다른 사람은 그렇게 살 수 있어. 그렇지만 나는 예외야. 다른 사람은 몰라도 나는 잘 될 거야'라고 믿기 때문이다. 하지만 이내 그런 믿음을 흔드는 여러 가지 일들과 마주하게 된다. 그리고 의심하고 절망한다. 이 절망 뒤에 따라오는 것이 바로 '분노'다. 자신의 기대치를 채우지 못하는 상대에 대한 분노. 어리석은 선택을 했다고 믿는 자신에 대한 분노. 이 모든 것들이 복잡하게 얽혀 있는 막연한 분노까지… 이 분노를 잠재우고 이성적으로 현실을 바라보아야 문제 해결의 가능성이 있다. 한번 이 분노에 압도당하면 이것은 굉장히 힘든 일이 된다. 문제가 있는 부부들이 외부 사람과는 관계가 괜찮은 경우가 많다. 그런데 가장 가까워야 할 배우자와는 그런 관계가 형성이 안 되는 이유가 여기에 있다. 분노에 압도당한 아내와 남편은 상대편 배우자의 다른 면을 볼 수 없다. 아무것도 보이지 않는다. 오직 서로의 분노를 부추기는 행동만이 클로즈업 돼서 나타날 뿐이다. 서로가 하는 행동, 말투, 심지어 숨 쉬는 것까지 분노의 대상이 된다.

아직도 종종 기억이 난다. 결혼식 당일 날 예식 옷을 갈아입고 기다리는데 둘째 누님이 나를 찾아 왔다. 그때 누님의 얼굴

표정이 어땠는지는 정확히 기억나지 않는다. 그런데 그때 하셨던 말씀은 아직도 생생하다. 결혼식 당일이어서 정신없던 나에게 누님은 '왜 결혼하려고 하니 혼자 살지, 뭐가 좋다고!'라는 말을 던지듯이 하셨다. 나와 둘째 누님은 나이 차이가 많이 난다. 나는 형제 많은 집에 늦둥이였기 때문이다. 누님이 결혼하셨던 당시에 나는 아직도 어린 아이였다. 누님은 결혼해서도 한동안은 같이 살았고, 분가해서도 친정집과 그리 멀리 않은 곳에서 집을 구했다. 그 때문에 비교적 가까이서 그 가족을 지켜볼 수 있었다. 어린 내 눈에 누님의 결혼 생활은 그다지 좋아 보이지 않았다. 아마도 이제 막 결혼하려는 막내 동생에게 누님의 그 한마디는 자신의 결혼 경험에서 나온 '진심어린' 걱정이었다고 나는 믿는다.

그렇게 말씀하셨던 누님도 집안에서 결혼을 반대하셨던 것으로 안다. 특히 매형을 맘에 들어 하지 않던 아버지가 반대해서 말리셨는데 끝까지 결혼을 주장했던 것도 누님이었다고 한다. 내 결혼을 집안에서 반대했다는 말이 아니다. 나는 아내를 사랑했고, 사랑해서 결혼했다. 아마 둘째 누님도 너무나 사랑해서 그랬을 것이다. 매형이 아니면 안 될 것 같아서 말이다. 집안의 반대에도 잘 살 수 있을 거라고 믿으면서 말이다. 결혼하는 사람들은 사랑해서, 그 사람 아니면 안 될 거 같아서 결혼한다. 하지만, 얼마가 지나다 보면 그 사람만 없으면 살 것 같다는 생각이 든다. 그 사람 때문에 화가 난다. 그 사람만 생각하면 가슴이 답답하다. 그 사람을 선택한 것이 자기 인생의 가장 큰 실수로 여겨진다.

부부 갈등이 일어나면 해결책을 찾기 쉽지 않다. 가장 좋은 방법은 진지한 대화를 하는 것이다. 서로의 감정을 이야기 하고, 이해하며 합의점을 찾아서 노력해야 한다. 그러면 조금씩 변화가 일어난다. 그러기 위해 서로 듣고 말할 수 있는 진지한 대화의 시간이 필수적이다. 하지만 '분노'는 이런 일 자체가 일어날 수 없게 하고 만다. 상대를 생각하는 것만으로도 조절할 수 없는 화가 깊은 곳에서 일어나기 때문이다. 상태가 이런데 마주 앉아 진지하게 대화를 한다.....!!!! 불가능한 일이다. 이 분노가 해결되지 않고서는 한 걸음도 나갈 수 없다. 가장 사랑했던 사람과의 관계가 이 분노 때문에 파괴돼 버렸기 때문이다.

분노 때문에 관계가 파괴돼 버렸다는 것은 어쩌면 이 감정이 가져올 수 있는 가장 치명적인 결과 중에 하나다. 인간은 관계 안에서 태어나고 그 속에서 성장하고 그곳을 통해 영양을 공급받기 때문이다. 이 관계가 파괴되었다는 것은 그 모든 것을 잃어 버렸다는 의미다. 우리는 무엇보다 정서적 지지가 필요한 시대에 살고 있는지 모른다. 우리 주변에 많은 것들이 만만치 않기 때문이다. 나이가 많던 적던, 건강하던 그렇지 않던, 경제적으로 부유하던 또는 그렇지 않던 우리는 쉽지 않은 시대를 살고 있다. 너무 많은 것들이 한 번에 빠르게 변하고, 떠나고, 그리고 다시 오지 않는다. 그 가운데 우리는 심할 정도로 많은 요구를 안과 밖을 통해서 받고 있다. 우리도 변하고 떠나야 하는 상황을 말한다. 이 모든 것들이 우리에게는 스트레스다. 이것들을 이겨내기 위해 정서통을 이용할 수밖에 없다. 하지만 내가 가진 정서통이 커서 '회복 탄력성'이 아무리 좋다고 해도 그것은 결국 바닥이 나게 되어 있다. 계속해서 쓸 수 없고 한정되어 있기 때문이다. 그 정서통을 채울 수 있는 가장 효과적인 방법은 관계를 통해서이다. 사랑하는 누군가, 나를 걱정해 주는 사람들과의 주변적 관계를 말한다. 그런데 분노는 그런 기회를 아예 박탈해 버린다. 분노하고 있는 당신 주변에 아무도 남아 있으려 하지 않을 것이기 때문이다. 당신의 정서통을 위해, 건강한 관계를 위해 가장 필요한 사람들을 말이다.

▶ 분노의 '공회전' 현상

분노의 부정적 영향중 심각한 결과가 관계의 파괴라고 말했다. 가장 사랑하고 이해해야 할 부부간, 가족 간의 관계도 마비시켜 버린다. 관계의 파괴 못지않게 분노가 미치는 부정적인 결과가 또 하나 있다. 그것은 '에너지 소모현상'이다. 이것은 엔진의 '공회전 현상'과 비슷하다. 이 공회전은 자동차의 엔진을 그냥 켜 놓은 상태다. 어떤 목적이나 방향이 있는 것은 아니다. 단순히 서 있기 위해 자동차의 엔진을 켜 놓고 있는 것이다. 쓸모없이 에너지만 소모하는 의미 없는 행동이다. 분노는 아무 목적도 없이 차의 에너지를 소비하는 공회전과 같은 것이다. 이런 공회전의 시간이 오래되면 오래될수록 에너지 소비를 가속시킨다. 차가 움직여야 하는 순간 써야 할 연료가 부족하게 만드는 일이다. 생산적이지 않은 어떤 것에 쓰인 연료 덕분에 정작 가장 중요한 일을 놓치는 결과를 가져올 수 있다.

2007년 개봉된 이창동 감독의 '밀양'이라는 영화가 있다. 당시 유명한 배우 전도연이 주연을 맡아서 사회적이면서도 종교적 질문을 던졌던 심각한 영화다. 남편을 잃고 외동아들과 함께 남편의 고향인 밀양으로 돌아오는 전도연의 이야기로 영화는 시작한다. 그곳에서 피아노 학원을 열고 새로운 삶을 시작한 그녀에게 뜻밖의 일이 닥친다. 아들 준이가 유괴를 당한 것이다. 잃어버린 아들을 찾으려는 모든 노력은 결국 실패하고 만다. 아들의 주검을 앞에 두고 그녀는 '왜 나한테 이런 일들이?'라고 묻게 된다. 피아니스트로의 자신의 꿈도 잃고, 사랑했던 남편도 죽음으로 떠나보내야 했다. 남편 고향으로 돌아와 피아노 학원을 하며 아들과 새 삶을 이제 막 시작한 그녀에게 또 다시 이해할 수 없는 일이 일어난 것이다. 사랑하는 남편이 남기고 간 아들마저 죽음으로 이별해야 하는 상황에 부딪히게 된 것이다. 그래서 '왜 나한테 이런 일들이?'라는 질문은 그녀가 남은 삶을 이어가기 위해 꼭 찾아야 하는 대답이었다. 영화 속의 그녀의 이야기가 너무 극적이어서 우리 모두에게 적용하기는 무리가 있다. 그런데 꼭 일어나지 말라는 법도 없다. 이 영화에서 흥미로운 부분은 감독이 들여온 종교 이야기다. 이 부분 때문에 영화가 개봉되고 나서 특정 종교로부터 거센 반반들이 있었다. 영화 속에는 이 종교에 대해서 부정적 느낌을 줄 내용들이 상당한 비중으로 전개되고 있었기 때문이다. 영화의 마지막 장면이 특히 그렇다.

영화를 보면 종교는 상실의 충격에서 그녀가 점차 회복할 수 있는 기회를 준다. 종교에 귀의한 전도연은 그 가르침을 따라서 유괴범을 만나 용서의 말을 전하러 간다. 그녀에게는 굉장한 용기가 필요한 것이었다. 그렇게 하는 것이 '성숙한 신앙'이라는 말을 들었기 때문이다. 하지만 아들을 죽인 유괴범을 만난 전도연은 그의 반응에 충격을 받게 된다. 모든 원수를 용서해야 한다는 종교의 가르침을 실천하기 위해 그녀는 그에게 방문 이유를 말한다. 하지만 너무도 뜻밖에 말을 아들 살해범으로부터 듣는다. 그는 이미 자신은 회개했고 절대자인 그분한테 용서를 받았기 때문에 더 이상 누구에게 용서를 받을 필요가 없다고 말한다. 너무나 평온하고 자유로운 모습이다. 아들의 죽음을 받아들일 수 없어서 거의 죽을 지경까지 간 그녀. 종교에 귀의하고 이제 조금씩 회복하는 과정에 그 힘으로 아들 살해범을 만나러 온 그녀. 그러나 완전히 그 상처로부터 회복된 것이 아니었다. 영화 속에 종교는 그녀가 사랑하는 외동아들의 죽음으로부터 벗어날 수 있도록 도와주는 것 같다.

그러나 영화를 보는 내내 '정말 괜찮나?'하는 생각이 들 정도로 그녀는 불안해 보인다. 사실 종교를 통해 회복하는 것이 아니라 단지 현실을 부정하고 도피하는 통로로 그것이 이용되고 있다는 느낌을 주기 때문이다. 그 만큼 그녀는 불안하다. 마치 아무것도 느끼고 싶지 않은 텅 빈 껍데기만 남아 있는 것 같다. 그래서 그녀의 말, 행동, 심지어 어딘가를 보는 눈빛조차도 공허해 보인다. 그런 그녀가 용기를 내서 살해범을 만나러 왔다. 그리고 전혀 예상하지 못했던 살해범의 반응은 그녀를 온통 혼란스럽게 만들고 만다.

이 영화에서 용서는 굉장히 중요한 주제인 것 같다. 용서는 분노와 원한의 감정을 극복하고 긍정적 삶의 태도를 갖게 하는데 중요하다(Enright, Freedman & Rique, 1998). 자신을 이렇게 버리고 가버린 남편, 주변의 사람들, 그리고 자신의 삶이 이렇게 되도록 내버려 둔 보이지 않는 누군가... 이들에 대한 용서가 없이는 전도연은 한발도 앞으로 나갈 수 없다. 이 과정은 준이를 죽인 유괴범을 용서하는 것으로 비로소 시작될 수 있다. 막상 용서를 구해야 할 직접적인 당사자가 나타났는데 유괴범은 너무 평안하고 자신만만하다. 영화 속 그녀는 종교생활을 통해 아들의 죽음으로 벗어난 것처럼 보인다. 약간은 그래 보인다. 하지만 사실 아들의 죽음으로부터 전혀 벗어나지 못하고 있었다. 그에 비해 가해자, 범인은 너무나 평화로워 보인다. 누가 감옥 안에 있는지 헷갈릴 정도다. 이런 범인의 반응에 전도연은 크게 혼란스러워진다. 그 이후 영화는 극적 반전을 보여준다. 아들을 잃고 정신적 힘이 되어 준 종교의 절대자가 이제는 저주와 원망의 대상이 되어 버린다. 유괴범을 향한 분노는 보이지 않는 그 절대자에게로 향하고 전도연은 자신의 삶이 이런 나락으로 빠진 것도 그 때문이라고 믿게 된 것 같다. 이 시점에서 전도연의 삶은 한발자국도 앞으로 나가지 못한다. 과거를 되새기고 모든 일의 원인을 그에게로 돌린다. 그가 틀렸다는 것을 보여주기 위해 장로도 유혹한다. 그런 모든 어려움에도 자신은 절대로 지지 않겠다는 듯이 투쟁의 의지를 불태우기도 한다. 종교 전통 가운데 하나인 용서가 깊은 분노의 해결 없이는 사실 쉽지 않다는 것을 잘 보여준다. 피해 당사자의 분노 해결의 과정 없이는 용서가 쉽지 않다는 단적인 예다 (Affinito, 2002).

이 영화를 만든 감독도 종교인이고 영화 속 주인공과 비슷한 경험을 가지고 있다고 들었다. 그런 이유로 종교적 문제를 다루고 싶어서 영화 가운데 그런 주제를 가져왔는지는 알 수 없다. 이 영화는 보는 이에 따라 다양한 의문과 느낌을 가질 수 있다. 나는 이 영화가 어떻게 분노가 한 사람의 삶을 소진 시킬 수 있는지 보여준다고 생각한다. 남편도 잃고, 자식도 잃고 꿈도 잃어버린 막막한 현실... 하나하나가 어느 누구도 쉽게 극복할 수 없는 것들이다.

막상 현실에서 당하게 된다면 누구든 그런 일들에 책임이 있는 대상에게 분노하는 것은 당연해 보인다. 오히려 이런 상황들 속에서 분노를 느낄 수 없다면 정상이 아닐 것이다. 그러나 분노에 빠져 그 힘에 압도 되어 아무것도 할 수 없는 상황은 달리 생각해 봐야 한다. 누군가 떠나고 잃게 되면 우리는 다행이도 또 다른 누군가를 얻고 새로운 것을 발견하게 된다. 남편도 잃고 자식도 잃게 된 전도연에게는 처음부터 옆에서 모든 과정을 지켜보고 돕는 사람이 있었다. 송강호란 배우가 연기한 '종찬'이라는 사람이다. 영화는 시작부터 전도연을 돕는 그 사람이 항상 그곳에 있었다는 것을 보여준다. 객관적 입장에서 관객들은 전도연이 그런 종찬을 보지 못하는 것이 오히려 이상해 보일 정도다. 이제 그만 힘든 삶을 잊고 그에게 기대어 새롭게 시작했으면 하는 바램을 갖게 할 정도로 종찬은 헌신적이다. 하지만 모두가 보고 바라는 그런 사람이 옆에 있어도 정작 주인공은 보지 못한다. 분노에 꽉꽉 쌓여 있기 때문이다.

분노의 '공회전' 현상은 전도연이 경험하는 상태와 같다. 온통 한곳에 집중해서 모든 에너지를 다 써 버리게 한다. 그래서 정작 앞으로 나가야 할 에너지를 다 소비해 버리게 하는 것... 분노는 이런 것이다. 매일 매일 나를 화나게 한 '그 어떤 것' '그 어떤 사람'을 생각하게 하고 에너지를 소비시킨다. 이 분노의 늪에 한번 빠지면 논리적으로 무언가를 분석하고 사고한다는 것이 불가능해 보인다. 상대가 가진 다른 어떤 것도 보이지 않게 된다. 오직 자신을 분노하게 하는 그것만 더욱 크고 강하게 보인다. 그 대상이 하는 말, 행동, 모든 것들이 분노의 대상이 된다. 같이 있지 않고 생각하는 것만으로도 분노 지수는 충만해진다.

이런 상황이 되면 상대가 가진 긍정적인 면, 좋은 모습, 보지 못했던 사랑스러운 다른 것들을 발견한다는 것은 기적과 같다. 수십 년을 같이 산 부부가 한순간 욱해서 배우자를 죽이는 것도 이해가 된다. 아무리 미워도 같이 지낸 시간이 많으면 '미운 정'이라도 들법한데 그렇지 않다. 오히려 시간이 지날수록 그 대상에 대한 분노가 너무 세지고 강해져서 같이 있다는 것 자체가 고문이 된다. 이 정도가 되면 거기서 한 걸음도 나갈 수 없다. 이 분노는 온전히 나와 그 대상을 동시에 태워 버리는

'에너지 소모현상'의 주범이다. 세상에 아름다운 것들이 얼마나 많은가? 나와 그는 얼마나 많은 가능성을 가진 사람들인가? 나를 사랑하고 위하는 사람들이 주변에 이렇게 많지 않은가?... 그러나 이 모든 것들을 볼 수 없다.

이런 수많은 가능성을 보지 못하게 하는 공회전 현상을 무한 반복시키는 것, 이것이 분노다. 이 분노의 함정에 한번 빠지면 주위를 맴돌며 안쓰럽게 우리를 바라보고 있는 수많은 '종찬'을 보지 못하게 된다.

두 번째 이야기: 분노의 이유들

▶ 왜 화가 날까?

지금까지 분노가 우리에게 가지는 영향력에 대해서 이야기했다. 이제는 분노의 원인들이 무엇인지 구체적으로 한번 이야기 해보자. 우리가 왜 화가 나는지에 관한 것들 말이다. 그것에 관한 이야기를 시작하기 전에 먼저 짚고 넘어가야 할 것이 있다. 이 책에서 말하는 화, 분노는 한순간 우리를 통제 불능으로 만드는 감정들을 의미한다. 이 감정은 그럴 만한 충분한 이유가 없어 보이는 데도 지나칠 정도로 격하게 반응하는 상태를 말한다. 살다보면 분노해야 하는 경우나 화가 나는 경우가 있기 마련이다. 부당하게 자신의 이익을 침해당하거나 누군가로부터 이유 없이 학대를 당하는 경우. 사회적 지위나 부당한 방법을 동원해서 약한 사람들을 착취하거나 괴롭히는 상황. 이런 상황이라면 분노는 정당하다. 당연히 그런 상황에서 분노해야 한다. 분노하지 않고 화를 낼 줄 모른다면 오히려 이상하다.

이 책은 그런 상황에서의 분노를 의미하지 않는다. '아니 이런 일들이 그 정도 화를 낼만큼 큰일인가?'라고 할 정도로 분노 조절이 되지 않는 사람들의 경우를 말한다. 단순한 일에 금방 화가 나고 한번 화가 나면 아무것도 보이지 않을 정도로 통제를 잃어버리는 사람들의 이야기다. 그 주체할 수 없는 화 때문에 모든 관계가 심각한 피해를 당하는 경우라고 생각해두자.

다음 글은 인터넷에 올라온 내용이다. 자신의 분노를 주체 못해서 상담을 원한 사람의 글을 가져온 것이다. 상담 주제는 '남이 무시하거나 지적할 때 주체 못할 만큼 화가 납니다'이다. 짧은 상담 글을 한번 읽어 보자.

"제가 별일 아닌 일에 분노가 급격히 차오르는데, 화를 주체하기 힘들 정도로 순식간에 차오릅니다. 인터넷에 분노조절장애 테스트를 해보니 제가 해당되지 않는 게 10개 넘는 항목 중 2개정도 밖에 안 되네요. 제가 성격이 느긋한 편이라... 저는 특정한 상황에서 이러는 듯합니다. 예를 들어서 운전을 하다가 제가 잘못을 하였을 때 뒤차에서 클랙슨을 울리면 급격하게 화를 냅니다... 그러니까 남이 제 잘못을 지적하거나 제가 공격받는다고 느끼거나 무시 받는다고 느낄 때 분노가 급격히 맥시멈이 되어 온몸을 부들부들 떨 정도로 제 자신이 무서워집니다... 싸우고 싶고... 정신병원을 가봐야 하는지... 병명은 무엇인지... 치료는 되는지... 치료법은 무엇인지 궁금합니다(2018년 8월 15일 검색, "남이 무시하거나 지적할 때 주체 못할 만큼 화가 납니다"

https://kin.naver.com/qna/detail.nhn).”

잠시 뒤에 생각해 보면 별일 아닌데 주체할 수 없을 정도로 화가 나는 문제로 상담을 요청한 글이다. 운전하다가 누가 뒤에서 경적을 울리거나 자기를 무시하는 듯한 행동을 보이면 너무 화가 난다고 한다. 그렇게까지 화를 낼 일이 아닌데 자신도 무서울 정도로 분노에 휩싸인다는 것이다. 아마 이 글을 읽고 있는 사람들 중에도 비슷한 상황으로 고민하는 사람들이 있을 줄 안다. 이 글을 쓰고 있는 이 순간에도 분노와 관련된 다소 황당한 내용들이 계속 방송에 나온다. 자전거를 타고 가는 사람이 뒤에서 빵빵 거렸다고 맥주병을 집어 들어 차에 던졌다는 내용도 있다. 보복운전에 관한 이야기는 요즘 뉴스의 단골메뉴다. 운전 중에 자기 차선으로 갑자기 끼어들었다는 이유로 화풀이를 하다가 결국 실형을 받게 됐다는 이야기도 있다. 누구는 식당에서 주문한 음식이 빨리 나오지 않는다고 불같이 화를 내기도 한다. 음식을 기다려 먹는 데는 별 관심이 없는 것 같다. 식당에 들어오는 순간부터 화낼 작정을 하고 오는 것 같다. 지하철 좌석을 양보하지 않는다고 화를 내고, 심지어 쳐다보는 눈빛이 맘에 들지 않는다고 폭력을 행사하는 경우도 있다. 부모는 배우자나 자녀에게 자신의 분노를 풀어낸다. 직장에서 상사는 부하 직원에게, 학교에서 아이들은 힘없는 친구를 향해.... 이것도 저것도 아니면 특정한 이유도 없이 누군가를 향해 분노를 풀어댄다.

최근에는 학교에서 인터넷 왕따 라고 할 수 있는 사이버 폭력이 심각한 정도라고 한다. SNS에서 벌어지는 집단 왕따 같은 것들이다. 단체 카톡을 개설하고 한 사람을 겨냥해서 험악한 말을 남긴다. 만약 그 사람이 거기서 나가면 다시 불러 들여서 똑같은 방식으로 괴롭힌다. 하루 종일 나가면 불러들이고 나가면 다시 불러들이는 식으로 괴롭힌다. 이렇게 시달림을 당한 아이가 결국 자살하는 일까지 벌어졌다. 인터넷상에서 한 개인을 집단으로 괴롭히는 것도 왜곡된 분노표현 방식으로 볼 수 있다.

그러면 왜 이렇게 화가 날까? 몇 가지 그 이유를 살펴보자.

▶ 좌절의 경험

분노하고 화가 나는 이유로 '좌절'이 원인일 수 있다. 아무리 노력해도 상황이 바뀌지 않을 거라는 절망, 선택받지 못했다는 느낌, 꿈이 사라져 버린 막막함, 앞뒤가 꽉 막혀 버려서 다 포기해 버린 상태. 이 좌절은 희망이 사라져 버린 어떤 것이다.

한국에서 내가 살고 있는 곳은 그렇게 경제적으로 부유한 지역이 아니다. 오해가 없기를 바라겠는데, 소위 말하는 서민들이 사는 지역이다. 연립의 오래된 집들이 많고 여전히 재래시장도 있는 그야 말로 오래된 동네다. 재개발이 된다는 말이 오래전부터 있었다. 그런 이유인지 한참 건물들을 사는 사람들이 많아서 땅값이 올랐던 적이 있었는데 결국 재개발이 되지 않았다. 추측해 보건데 재건축을 하기에 너무 낙후하고 노후화 된 곳이 많아서 포기하지 않았나 싶다. 대신 주변 여기저기에 모텔들만 잔뜩 들어섰다. 동네 분위기가 사람들 사는 주택간지 모텔 촌인지 요즘은 조금씩 헷갈리기까지 할 정도다. 술집, 즐비한 식당들은 덤이다. 내가 살고 있는 쪽에서 바로 길 하나 건너 이야기다. 그런 지경이다 보니 동네가 깔끔하게 정리될 리가 없다. 상황이 더 안 좋아지는 것 같다. 국회의원들이 이 지역에 출마하면 단골 공약이 아마도 이 재건축 이야기 같은데 더 이상 사람들이 믿지 않는 것 같다.

그런데 차들이 많이 다니는 큰 길을 건너 있는 언덕너머에는 별천지가 펼쳐진다. 몇 년 전부터 큰 길 너머 언덕에 대규모 아파트 단지들이 들어섰다. 보기에도 고급스럽다. 단지 내 길도 큼직큼직하고 주변에 나무를 심어 안쪽은 마치 숲길 정원처럼 꾸며져 있다. 아파트 건물은 고급 자재를 써서 잘 지은 요즘 말로 '프리미엄' 아파트들이다. 집에서 산책을 갈 때면 종종 운동 삼아서 먼 길이긴 하지만 그 동네를 지날 때가 있다. 그런데 길 하나를 건너면 동네 분위기가 확연히 바뀌는 것을 느낄 수 있다. 막 지은 건물, 어수선한 상가들, 나무하나 없이 빽빽하게 들어선 연립건물 등 조잡해 보이는 아랫동네와는 전혀 다른 장면들이 펼쳐진다. 시원하게 뻗은 주변 길, 잘 정리된 상가, 아파트 주변 사이로 멋있게 조성된 산책길. 아파트 건물 곳곳에 심겨진 초록빛 색깔의 울창한 나무들은 보기만 해도 마음이 평안해진다. 아파트를 빠져 나오는 차들도 중, 대형의 고급이다.

비싼 외제차들도 흔하게 왔다 갔다 한다. 상황이 이러니 그곳을 왔다 갔다 하는 사람들도 달라 보인다. 대충 입은 것 같은데 왠지 비싸고 좋은 옷일 것 같고 피부마저 광채가 나는 것 같다. 같은 한국 사람인데 이렇게 다를 수 있나 싶다. 이래서 사람들이 비싼 동네에 살려고 하는 것 같다.

외국인들에 비하면 한국 사람들을 외모로만 구분하기가 쉽지 않다. 외국 사람들이 '한국 사람들은 모두 똑같아 보인다'는 말을 자주한다. 피부 색깔이랑, 말, 심지어 머리 색깔도 비슷하기 때문이다. 그래서 같은 옷을 입고 있으면 멀리서는 구분하기가 어렵다. 똑같은 군복을 입은 군인들이 잔뜩 모여 있는 연병장을 가본 경험이 있는 사람들이면 내가 하는 말이 무슨 말인지 이해하리라고 생각한다.

외국은 분위기가 사뭇 다르다. 피부 색깔도 틀린 경우가 많고 외모는 물론, 언어도 다양하게 구사한다. 이민족들이 많은 대도시일 경우 이 차이들이 더 확연하다. 민족마다 옷 입는 것도 틀려서 정말 다채롭다는 것을 발견할 수 있다. 외국 사람들은 개성이 다양해서 한국 사람과 같지 않다고 종종 말하고들 한다. 한국은 뭔가 한번 유행하면 모두들 그걸 따라하는 경향이 있는 것 같다. 겨울에 반코트가 유행하면 모두 그 옷을 입는다. 고등학교에서 유행한 패딩이 있었다. 어느 유명 메이커였는데 마치 교복처럼 아이들은 그 옷을 입고 다녔다. 거의 예외 없이 말이다.

하지만 자세히 보면 딱히 한국만 그런 건 아닌 것 같다. 외국도 학교 아이들이 유행하는 옷들을 비슷하게 입는다. 한국과 별반 다르지 않다. 같은 옷을 찾아서 입고 말투도 모두 비슷하게 따라 한다. 내가 있던 지역이 추운 곳이어서 두꺼운 털가죽 부츠가 유행한 적이 있었다. 그러자 고등학교 다니는 아이들이 거의 예외 없이 그 부츠를 신고 돌아다녔다. 외국도 한국처럼 크게 다르지 않은데, 개성이 있어 보이는 이유는 아마 다른 민족들이 다양하게 섞여 살고 있기 때문인 것 같다.

그래서 그런지 운전을 하며 거리를 지나갈 때면 그 지역에 어떤 민족, 사람들이 살고 있는지 분위기를 보면 대충 알 수 있다. 식당의 간판, 글씨체, 또는 건물 모양이나 사람들의 옷차림, 피부 색깔 등등. 운전하고 가면서 거리가 어떻게 바뀌는지 보는 것도 그래서 흥미로운 일이었다. 민족 색깔을 잘 드러내는 건물들, 구역을 지날 때마다 바뀌는 거리의 분위기 등등 여러 가지 것들이 그 지역에 대한 정보를 제공해 준다. 이런 것들이 있어서 한국보다 그 지역을 훨씬 쉽게 파악할 수 있다. 피부 색깔도 확연히 틀리고, 옷차림, 말도 틀리기 때문이다. 이런 다양한 민족들의 특성이 그 지역을 구분 짓기도 하지만 또 다른 큰 요인이 하나 있다. 경제적인 이유다. 경제적으로 잘 사는 지역과 그렇지 못한 지역이다.

몇 년 전에 아내와 함께 시카고에 있는 누님 집에 갈 기회가 있었다. 주변 구경도 할 겸 집에서부터 차로 출발했다. 약 10시간이 조금 넘는 거리였다. 사실 운전을 그렇게 좋아하는 건 아니었지만 그 전에 장거리 운전을 한번하고 나서 자신감이 좀 붙은 후였다. 도시락도 준비하고 중간 중간 휴게소에 들러서 갈 생각으로 길을 나섰다. 그때만 해도 지금처럼 GPS가 널리 보급된 때가 아니었다. 출발하기 전 지도를 확인하고 주소와 약도를 프린터로 뽑아 왔다. 워낙 길 찾는 게 어두워 나 자신을 믿을 수가 없었기 때문이다. 그날도 어김없었다. 기대를 저버리지 않았다. 길을 잘못 들은 것이다. 디트로이트 마을 어딘가였다. 기왕 그렇게 된 김에 길도 묻고 기름도 넣을 겸 주요소에 들렸다. 그런데 내가 살던 지역과는 분위가 많이 틀렸다. 흥미로운 건 주유를 하기 전에 돈을 먼저 지불해야 했다. 신기해하면서 돈을 지불하기 위해 계산대에 다가갔는데 또 하나 놀라운 것을 발견했다. 돈을 받는 점원과 손님 사이에 쇠로된 철조망이 쳐져 있고 두꺼운 방탄유리 같은 게 그 사이에 있었다. 정말 두꺼운, 거의 손바닥 두께만한 투명 유리였다. 어지간한 크기의 망치로 쳐도 깨질 것 같지 않은 두께였다. 점원과 손님은 그 곳에 달려 있는 마이크를 통해서 이야기해야 했다. 돈은 두꺼운 유리 밑에 뚫려 있는 조그만 구멍 사이로 집어넣었다. 더 낯설었던 건 사람들의 눈빛이었다. 돈을 지불하고 기름을 넣고 있는데 이상한 기운이 느껴졌다. 주위를 둘러보니 사람들이 모두 우리를 쳐다보고 있었다. 대수롭지 않게 반응하려 했지만 그들의 눈빛이 편하지 않았다. 그 당시 나는 아내와 이제 막 돌을 지난 아들, 이렇게 셋이 함께였다. 아내는 아이를 데리고 차 안에 있었고 나는 서서 기름을 넣고 있었는데 우리를 보는 그 사람들의 눈빛이 마치 '재들 여기서 뭐하는 거야?!!'라고 말하는 것 같았다. 그때까지만 해도 우리가 어떤 상황에 있는지 나는 전혀 알지 못했다. 기름을 넣고 나오는데 오기 전까지 눈에 띄지 않던 동네의 모습이 들어왔다. 변변한 건물이 별로 없었다. 사무실이나 관공서 같은 번듯한 건물은 눈에 띄지 않고 오래된 집들. 무너진 담. 그리고 벽에 어지럽게 남아 있는 온갖 낙서들. 거리를 다니는 차들도 정상인 차가 거의 없을 정도였다. 차 보닛이 없거나 유리창이 깨진 것들이 대부분이었다. 그곳이 디트로이트에서도 아주 유명한 위험 지역이라는 것은 나중에야 알게 되었다. 환한 대낮에도 신호를 기다리고 서 있으면 강도를 당할 정도로 위험한 지역이었다. 무사히 그곳을 빠져 나온 것이 오히려 이상할 정도였다.

그 정도는 아니지만 내가 살았던 지역에도 비슷한 곳이 있다. 한인들 사이에서는 꼭 피해야 할 곳으로 알려진 장소들이다. 가서는 안 되는 곳. 안전하지 않기 때문이다. 사람도 종종 죽기도 하고 강도, 상해 사건들이 빈번히 일어나는 곳이었다. 주변 집값이 엄청 올라가도 이곳만은 예외다. 아무도 그곳에 가려고 하지 않기 때문이다. 그런데 어쩔 수 없이 그곳을 지나쳐 갈 때가 있다. 그러면 일단 분위기부터가 좀 틀려 보인다. 사람들도 무서워 보이고. 딱 들어가는 순간 어수선하고 정리된 것 같지 않은 거리 환경. 무엇보다 개인적인 느낌일 수 있지만 사람들의 표정이 많은 것들을 말해주는 것 같다. 뭔지 모르게 무겁게 가라앉은 지친 모습들.

이 지역과 관련해 한 유력 일간지에 실린 글을 읽은 적이 있다. 그곳에서 자라났지만 다행히 그 지역을 벗어나서 살고 있는 한 청년의 이야기였다. 이 말의 의미는 그 지역에서 자라난 아이들이 대부분 겪게 되는 과정을 거치지 않았다는 뜻이다. 그곳에 아이들은 많은 경우가 고등학교도 제대로 졸업하지 못한다. 중도에 스스로 그만두거나 퇴학을 당한다. 제대로 돌봐줄 부모가 없기 때문이다. 그들 중 대부분의 경우 범죄에 연루되어 성인이 되기도 전에 이미 감옥 생활을 경험하는 아이들도 상당수다. 이 청년이 기고한 글에 보면 단지 그곳에 살고 있다는 것만으로도 단순한 직업조차 구하기 쉽지 않다고 한다. 외국에는 맥도날드 같은 패스트 푸드점이 중학교, 고등학교 학생들이 처음으로 돈을 받으며 일하기 위해 선택하는 곳이다. 그만큼 처음 사회생활을 경험하기 좋은 장소고 많은 아이들에게 기회가 제공된다는 의미다. 그런데 이곳조차도 이력서에 주소를 그 지역으로 적으면 면접조차 볼 기회도 주어지지 않는다고 한다. 아예 서류 자체를 받지 않기 때문이다.

이런 지역에 사는데도 불구하고 이 청년의 꿈은 의사가 되는 것이었다고 한다. 장난감도 의료기구모형을 본 딴 것들을 사서 놀았다. 누군가 꿈이 뭐냐고 물어보면 의사라고 당당하게 이야기 하곤 했다. 다행이 부모님이 모두 계셔서 청년이 꿈을 가지고 자랄 수 있도록 도와주었다고 한다. 문제는 학교에 가고 친구들을 사귀면서부터 시작되었다. 의사가 되겠다는 이 청년의 말에 또래 친구들의 반응은 격려가 아니었다. 대부분의 친구들은 ‘이런 곳에 태어나서 의사가 되겠다고? 주위를 좀 봐. 학교도 제대로 졸업 못하는데, 감옥에 가지 않으면 다행이다. 꿈 깨

라. 주변에 의사가 된 사람들이 있는지'라고 말했다. 정확히 말하면 친구들이 틀리지 않았다. 주변엔 학교도 제대로 졸업하지 못한 사람들이 대부분인데, 의사라니.... 그렇게 말하는 자신도 믿겨지지 않았다. 의사가 되겠다는 그 청년의 꿈은 현실에 부딪히면서 차츰 절망으로 바뀌어 갔다.

다행이도 이 청년은 부모님과 함께 그곳을 떠나 다른 곳으로 이사해 자리를 잡았다. 하지만 여전히 남아 있는 아이들은 어린 시절을 그곳에서 보내고 사춘기를 겪으면서 현실에 눈을 뜨게 된다. 자신이 자라나고 있는 환경을 보고 부모들의 삶을 지켜보면서 그들의 미래도 그렇게 될 거라는 절망적 현실 말이다. 이 청년은 그곳을 다행히 벗어났지만 남아 있는 아이들은 노력해도 현실을 바꿀 수 없다는 사실에 좌절하고 분노하게 된다. 그런 아이들의 분노가 특정한 대상도 없이 외부로 향하고 폭력적인 형태로 나타나고 있다. 그 지역의 높은 범죄율이 이런 현실을 보여주는 좋은 예라고 할 수 있다.

자살 폭탄테러나 종교를 빙자한 폭력과 살인도 전 세계적으로 문제다. 특정 종교의 극단주의자들이 젊은 사람들을 현혹해서 무차별한 테러 공격을 감행하게 한다. 이런 일들이 많은 사람들을 공포와 두려움으로 몰아넣었다. 몸에 폭탄을 감고 광장에서 자살시도를 하거나, 사람들이 모인 곳에 트럭을 몰고 질주하는 일, 총기 난사 사고 등등... 특정한 대상도 없다. 단순히 사람을 죽이려는 목적이다. 이성적인 시각으로 보면 이해가 되지 않는다. 그런 끔찍한 일들을 자행한 테러범들의 면면을 보면 젊고 유능해 보이는 사람들도 꽤 있다는 사실에 또 한 번 놀라게 된다. 사진으로만 보면 전혀 그럴 것 같아 보이지 않는 선해 보이는 젊은 청년들의 모습이다. 길을 걸어가다 흔히 만나볼 수 있는 그냥 어느 동네 청년들 같다.

특정 종교를 들어서 이야기 하는 것이 조심스러운 일이긴 하다. 그 종교의 모든 것들이 부정적이라고 말하고 싶지 않기 때문이다. 그 종교를 다 안다고 할 수도 없고 경험도 많지 않다. 그런데 단순히 일어나고 있는 현상만 놓고 보면 걱정도 되고 무섭기도 하다. 세계적으로 논란의 중심에 서 있는 이슬람 종교 이야기다. 한 TV 프로그램에서 전 세계를 테러 공포에 몰아넣고 있는 이슬람 종교에 대해 다룬 내용을 보게 되었다. 프로그램은 이슬람 종교에 심취하고 적극적으로 테러에 가담한 사람을 중심으로 한 인터뷰였다. 그는 10세 때부터 이슬람 극단주의 교육을 받고 헌신한 사람이었다. 그의 주된 역할은 인터넷을 통해 이슬람 종교를 적극적으로 전하고 젊은 지원자를 모으는 것이었다. 인터뷰 말미에 질문자가 왜 젊은 사람들이 이슬람 종교에서 말하는 세상의 종말에 대해서 매력을 느끼는지 물었다. 대답이 '자신이 힘이 없다고 느낄 때, 아무도 자신의 목소리를 들어주지 않을 때, 자신이 제어할 수 있는 것이 아무것도 없다고 느낄 때, 뭔가 운명을 바꿀 수 있다는 것이 매력적으로 다가온다'였다. 조금 다른 식의 표현이지만 결국 젊은 사람들이 살면서 가지게 되는 '절망' 그리고 '좌절'에 관한 이야기다. 사회주류에 편입되지 못하고 좌절하는 젊은 사람들. 아무리 노력해도 불투명한 미래. 기득권 세력에 대한 반감들. 이들의 좌절감이 종교적 극단주의자들의 분명한 타깃이 되고 있다는 것을 알 수 있다. 이 극단주의자들이 종교를 젊은 사람들이 느끼는 좌절감을 표출하는 통로로 이용하고 있다고 보여진다.

이런 상황의 좋은 예가 지금 유럽에서 벌어지고 있는 일들이다. 극단주의 교육을 받은 이들이 사회적 문제로 떠오른 유럽의 상황이 심상치 않기 때문이다. 높은 실업률에 빈부격차와 사회적 편견 등... 그리고 갈수록 늘어나는 이민자들... 이 가운데 극단적 이슬람 종교의 가르침에 현혹되는 젊은 사람들의 상당수가 이민자들이거나 사회적 소수자들이다. 이들은 주류 사회로부터 소외되었다고 느끼고 무엇을 해도 자신들의 처지를 바꿀 수 없다는데 절망하고 있는 사람들이다. 인터뷰에 참가한 사람도 이민자였던 친구가 단지 그 이유 때문에 폭행을 당하고 심지어 칼에 찔리는 것을 목격해야 했다. 사회적 분위기가 이런데 이민자들인 이들이 주류 사회에 편입해 정착하고 중요한 역할을 한다는 것이 불가능해 보였을 것이다. 아주 어릴 적부터 사회적 장벽을 경험하게 된 것이다. 그들이 경험한 사회적 편견과 부당한 대우들, 이 모든 것들이 복합적으로 작용해 결국 깊은 절망과 좌절을 경험하게 했을 것이다. 그들이 그렇게 과격하고 파괴적인 방법으로 자신들의 목소리를 내려는 이면에는 이런 상황이 존재하고 있다고 볼 수 있다.

이런 상황들이 단순히 어제 오늘 일만의 일은 아니다. 인류 역사 어디에서나 쭉 있어 왔고 반복되어 온 일들이다. 또 특정한 지역만을 꼬집어서 한정할 수 없을 정도로 사람들이 사는 곳이면 어느 곳이나 존재한다. 한국 사회도 예외가 아닌 것처럼 보인다. 특정한 단체나 소수의 사람들, 반대 성을 가진 사람을 향해, 또는 정치적 성향이 다른 사람들을 배척하는 태도. 이들에 대한 무조건적인 적대나 비방도 일종의 좌절이나 절망의 경험이 바탕이 된 분노로 해석할 수 있다. 큰 정치적 격변을 겪고 있는 한국 사회가 이런 현실을 단적으로 보여주고 있다고 할 수 있다.

외국 생활을 정리하고 처음 한국에 돌아왔을 때였다. 그때가 박근혜 대통령이 탄핵을 당하고 이것을 반대하는 쪽과 찬성하는 쪽이 소위 '촛불'과 '태극기부대'로 양분되어 대규모 집회를 하고 있을 시기였다. 외국에서 있었기 때문에 방송으로 보기는 했지만 직접 현장에 가볼 수는 없었다. 한국에 돌아온 후 그날은 서점에도 들릴 겸 일부러 시간을 내었다. 계획한 건 아니지만 지하철을 내려 나온 곳이 우연히도 두 집회의 경계가 되는 중간 부분이었다. 거기를 중심으로 한쪽은 태극기집회, 그 반대쪽은 촛불집회 사람들이 나누어져 있었다. 말은 중간부분이라고 했지만 이 두 집회를 확연히 나누는 줄이 쳐져 있는 것도 아니었다. 재미있는 건 줄은 없지만 그것을 느낄 수 있었다. 두 집회 사이를 견고하게 가로 지르고 있는 무형의 줄 말이다. 현장에 직접 나와 그 중간에 섰을 때 그 선을 느낄 수 있었다. 여기서 저기로 건너갈 수 없는 보이지 않는 선.... 감정이 참 묘했다.

같은 민족이고 아마도 집회가 끝나면 다른 진영의 아들과 아버지가 똑같은 집으로 갈지도 모른다. 이런 상황이 아니라면 동네에서 서로 아무 일 없이 인사하고 지나가는 친근한 이웃일지 모른다. 그런데 광장이라는 한 장소에서 두 무리는 절대 건널 수 없는 보이지 않는 선을 두고 대치하고 있다는 느낌을 받았다. 그 경계의 한 가운데서 우연찮게 내린 나는 '우리가 왜 이래야 하나'하는 복잡한 감정이 솟아올랐다. 그리고 이내 우리를 이렇게 만든 누군가에 대한 막연한 분노가 차올랐다. 다른 정치적 성향이 우리를 이렇게 극단으로 몰아붙였지만 그 원인은 결국 절망, 좌절 그에 대한 사회적 분노로 보여진다. 한쪽은 사회를 위해 헌신하고 희생했다고 믿고 있다. 하지만 그런 것들이 송두리째 부정되는 것 같은 현실에 대한 좌절... 반면 다른 한쪽의 좌절은 또 다른 형태다. 정직하고 올바르게 사는 것이 결코 행복을 보장하지 못하다는 현실. 가진 자에 의해 우리가 믿었던 정의가 마음대로 재단되는 인정하고 싶지 않는 상황 앞에서의 좌절과 절망... 이런 것들이 복잡하게 얽혀져 이들을 광장으로 내몰았다고 본다(이철, 2015).

반대 성에 대한 비하나 이유 없는 증오도 이와 비슷하다. 요즘 여성을 부르는 말들, 김치녀, 된장녀, 메갈녀, 맘충 등등... 매일 이런 단어들이 생겨나고 떠돌아다닌다. 여성들을 깎아 내리는 부정적 단어들이다. 어떻게 이런 말들을 만들어 내는지

신기할 정도다. 남성들이 상대성인 여성들을 거의 저주에 가깝듯이 묘사하는 이런 용어들도 결국 그들이 처한 사회적 현실과 무관하지 않다. 젊은 남성들이 한국 사회에서 느끼는 좌절, 절망이라는 감정, 그리고 이것들이 불러일으키는 분노가 그 저변에 있다고 볼 수 있기 때문이다. 심각한 경쟁에 내몰린 젊은 청년들. 번번한 직장과 어느 정도 내세울 정도의 재력이 되지 않으면 여자 친구도 가질 수 없다는 현실... 거기에서 자꾸 소외되어지는 것 같은 감정... 그럼에도 바꿀 수 없는 상황에 좌절하고 분노하는 것이다. 이런 현실 앞에서 반대 성을 온갖 희한한 말들로 덧씌우면서 무조건 깎아 내리는 부정적 심리가 작용하고 있는지 모른다(Seullah Hwang, Jin-Suk Kan, 2014).

노력해도 도저히 바뀌거나 어떻게 해 볼 수 없는 사회적 현실에서 갖게 되는 좌절이 반대 성에 대한 적개심의 한 줄기라고 할 수 있다. '개천에서 용난다'는 말이 어느 정도 설득력이 있던 어떤 때가 있었다. 그런데 요즘 젊은이들은 그런 말을 거의 믿지 않는 것 같다. 개천에서 용은 절대 날 수 없다. 개천은 그냥 개천이다. 부모를 잘 만나야 성공할 가능성이 많다고 느낀다. 부모가 가진 재력이 사회적으로 성공할 수 있는 사다리가 되어 주는 것이다. 그래서 '금수저', '은수저', '흙수저'라는 '수저론' 같은 용어들은 이런 사회적 현상을 반영하는 것들이다. 이것들은 한국 사회가 경험하고 있는 부의 '귀속적 지위'를 말한다. 재력 있고 영향력 있는 부모를 갖게 되면 그 모든 것들이 주어진다. 아무것도 없이 혼자서 모든 것을 쌓아가야 하는 사람들은 출발점부터가 다르다고 느낀다(송호근, 2014). 분노의 한 가지 원인 좌절에 관한 이야기다.

▶ 충족되지 못한 기대

우리가 분노하고 화가 나는 또 다른 이유는 '충족되지 못한 기대' 때문이다. 이 상태는 '자신의 기대를 채우지 못하거나 원하는 것과 다른 결과를 갖게 되는 것'이라고 할 수 있다. 좀 오래된 마이클 더글라스가 주연한 '폴링다운(Falling Down)'이라는 영화가 있다. 이 영화는 평범하게 살던 한 사람의 결코 평범하지 않은 짧은 여정을 다룬다. 관객들은 이 영화를 보는 내내 주인공이 왜 분노하게 됐는지 공감하는 한편 동시에 속 시원함을 느끼게 된다. 왜냐하면 주인공이 화를 폭발시키는 장면과 사건들이 우리 모두가 현실에서 한번쯤은 겪게 되는 이유들과 너무나 닮아 있기 때문이다. 영화의 시작 장면은 실직, 가족과의 문제 등 온통 괴로운 일만 있어 보이는 주인공이 앉아 있는 차 안이다. 주인공의 차는 수많은 차들 틈에 섞여 오가지도 못하고 도로 한복판에 서 있다. 그것도 한 여름 뜨거운 햇볕에 도로는 마치 타 들어 가는 것 같다. 이 모든 것들이 주인공의 팍팍한 삶을 대변하고 있는 것 같다. 결국 그는 도로 한복판에 차를 버려두고 그곳을 떠나 버린다. 그리고 그렇게 분노를 품은 그의 짧은 여정이 시작된다.

영화에서 더글라스가 한 햄버거 가게에 들어간다. 그리고 그곳에서 그는 아침메뉴를 주문한다. 하지만 점원으로부터 아침메뉴 시간이 지났기 때문에 불가능하다는 말을 듣는다. 아침메뉴가 가능한 시간은 11시 30분. 더글라스가 아침메뉴를 주문한 시간은 그보다 약 몇 분이 지나 있었다. 단 몇 분이 지났다는 이유로 아침메뉴를 줄 수 없다는 매니저와 실랑이를 한다. 결국 분노한 더글라스는 우연찮게 갱단을 통해 얻게 된 총을 꺼내든다. 총을 본 매니저와 실내에 있던 모든 사람들은 공포에 빠져든다. 겁에 질린 매니저로부터 아침메뉴를 받게 됐지만 그는 마음을 바꾼다. 매장에 진열된 다른 햄버거 사진을 보고 그것을 먹기로 한 것이다. 그러나 마침내 그에게 배달된 햄버거가 그를 더 화나게 만들었다. 그 햄버거가 사진속의 고기와 야채, 소스가 먹음직스럽게 쌓여진 그럴싸한 모습과는 너무나 달랐기 때문이다. 그는 직원에게 '왜 사진을 보고 주문한 햄버거가 실제와 다른지' 따져 묻는다. 얼핏 보면 주문한 햄버거 하나 때문에 저렇게까지 화낼 필요가 있나 싶지만 보는 내내 왠지 속히 시원했다. 그런 비슷한 일들을 나도 현실에서 상당히 경험했기 때문이다.

충족되지 못한 기대 때문에 일어나는 분노는 이와 같다. 영화 속 이야기지만 누구나 한번쯤은 비슷한 경험이 있을 거라고 생각한다. 탁자를 하나 사기 위해 장시간을 들여 시장조사도 하고 가격 사이트도 둘러보았다. 여러 경제적 이유, 집에 있는 다른 가구와 색깔이 잘 어울리는지, 다른 회사에서 나오는 비슷한 제품과의 비교 등등. 오랜 시간 준비하고 결정해서 주문했다. 마침내 그것을 받고 포장지를 열어 보았는데 막상 자기가 기대했던 것과는 전혀 다른 모습이라면...

기대했던 것과는 다른 것을 받게 됐을 때 실망을 넘어 화가 나게 되는 일들이 적지 않다. 기대가 충족되지 못했다는 것에 대한 분노가 있기 때문이다. 돈을 가지고 무언가를 사는 행위도 기대다. 정당한 가치를 가지고 투자한 것에 대한 응당한 기대. 조그만 것부터 큰 것에 이르기까지 이 기대에서 시작한다고 볼 수 있다. 투자한 돈이 많으면 많을수록 더 큰 기대를 가지게 될 것이다. 이 기대가 꼭 돈에만 관련된 것은 아니다.

기대는 외부 대상에 대한 것도 있을 수 있다. 예를 들어, 사회 지도층이나 종교 지도자들에 대한 것들이다. 국민들은 이들에게 유독 높은 기대를 가지고 있는 것 같다. 최근에 미국 가톨릭 교회가 성직자의 아동 성폭력 문제로 홍역을 치르고 있다. 이 문제는 가톨릭 지도자들의 오래된 성적 학대로 희생당한 사람들이 자신들의 피해를 고백하면서 불거졌다. 이런 행동들이 오랜 시간을 걸쳐 조직적으로 이루어지고 또 숨겨져 왔다는데 사람들이 충격을 받은 것 같다. 더 놀라운 것은 가해자들이 영적인 부분을 책임져야 하는 종교지도자라는데 있다. 사람들은 이들이 무엇보다 높은 윤리적 기준을 가지고 있어야 한다고 믿고 있기 때문이다. 이들은 평범한 일반 사람들이 아니라는 시각이 지배적이다. 종교지도자인 이들은 그런 행위를 해서는 안 된다는 것. 일반 사람들과는 다른 모범적인 삶을 살 것이라는 기대. 오히려 그런 행위가 일어나지 않도록 일반 사람들을 지도하고 교육하고 바른 길을 제시해 줄 것이라는 기대다.

정치지도자들의 청렴성에 대한 기대도 빠질 수 없다. 그들은 국가 정책을 입법하고 법제정에 깊이 관계하는 사람들이기 때문이다. 입법하고 제정하는 그들의 행위는 국민 생활에 직접적으로 영향을 미친다. 그런 사람들이 사사롭게 자신의 이익을 위해서 법을 제안하고 만든다면 그것은 국민적 불행이다. 그래서 국민들은 그들이 개인적 이익을 넘어 공공의 목적을 우선해 주기를 바란다. 그런 의미에서 그들에게 깨끗한 이미지를 기대하는 것은 어쩌면 당연한 것이다.

이런 기대는 부모에게도 있다. 부모의 사랑도 일정부분 이 기대에 기인한다고 할 수 있다. 어쩌면 부모의 기대가 사랑이라는 이름으로 포장돼 왜곡되면 무서운 결과를 가져올 수도 있다. 아이들한테 '네가 이만큼 하면 이걸 해 주께'라는 간단한 말이 이런 관계에 기인하고 있다고 볼 수 있다. 부모의 왜곡된 기대에 기초한 사랑을 생각할 때마다 종종 기억나는 사건이 있다. 오래전 이야기다. 그날 어딘가를 가야 해서 광화문에서 버스를 기다리고 있었다. 광화문에서 종종 좌석버스를 타곤 했는데, 한낮 정오라 사람들이 그렇게 많지 않았다. 그날 내가 앉은 몇 좌석 건너 아들과 엄마가 타고 있었다. 두어 좌석 건너에다 사람들이 많지 않아서 두 사람이 사이의 대화를 우연찮게 듣게 되었다. 사실 대화랄 것도 없었다. 아들은 숨죽이고 듣고만 있었고 엄마가 일방적으로 하는 '꾸지람'이었기 때문이다. 그런데 엄마가 쓰는 말들이 심상치 않았다. 거의 모든 말들이 '바보', '멍청이', '한심하다'... 등이었다. 요약하면 '너한테 투자한 게 얼만데 왜 이정도 밖에 못했냐'는 것이다. 옆에서 듣는 내가 다 불안하고 미안할 정도였다. 소리가 그렇게 작지도 않았다. 몇 줄 떨어져 있는 내가 아주 똑똑히 들을 수 있는 정도였기 때문이다. 그 일 이후 시간이 꽤나 지났지만 가끔 이 두 사람이 생각난다. 지금 어떻게 지내고 있을까? 엄마하고 사이좋게 지낼까? 아들은 엄마가 원하는 사람이 됐을까? 아니면...

한국 부모님들의 자식 사랑이야 말로 세계 어디에 내놔도 절대 뒤지지 않을 거라고 생각한다. 내가 공부하며 머물던 곳은 한국인들이 유난히 많던 곳이다. 거기에 부모님들 사이에서 좋다고 알려진 유명한 초등학교가 하나 있었다. 학교 과목도 좋고 선생님들도 잘 가르친다고 소문이 나서 많은 한국 엄마들이 몰리던 곳이었다. 재미있는 건 이 한국 엄마들이 얼마나 열성인지 학교 분위기까지 바꾸어 놓았다는 말을 들었다. 이것과 관련해 재밌는 이야기가 들려왔다. 여기서는 학기가 끝나면 선생님에게 감사의 표시를 하는 게 학기말에 흔히 있는 일이다. 감사 카드를 쓰거나 조그만 선물을 하나씩 하기도 한다. 선물이래야 고작 초콜릿, 비누, 컵 같은 비싸지 않은 몇 불짜리 정도들이다. 한국 엄마들이 이런 분위기를 바꾸어 놓은 것이다. 몇 불짜리 선물이 아니라 선생님들에게 몇 백 불짜리 감사 카드나 선물, 심지어 돈 봉투를 보내기 시작한 것이다. 한국에서야 본인들이 흔히 해왔던 일인지 모르지만 그런 일을 경험해 본 적이 없는 선생님들은 상당히 당황했다고 한다. 처음에는 그 금액이나 선물의 양이 너무 지나쳐 돌려보내곤 했다고 한다. 하지만 상황이 조금 바뀌게 되었다. 나중엔 그렇게 하는 한국 부모님들이 너무 많아지자 오히려 그러려니 하고 받게 된 것이다. 어떤 때는 한국 부모님들이 주지 않으면 은근히 부담을 주는 경우도 있다고 들었다. 몇 사람의 이야기라 진위 여부를 정확히 가릴 수는 없지만 당시 한국 부모님들의 경향을 생각해 보면 전혀 근거 없는 이야기는 아니라고 생각한다. 한국 촌지 문화를 제대로 가르쳐준 경우다.

그곳에 있던 한국 부모님들의 많은 수가 소위 말하는 기러기 가족이었다. 엄마와 아이만 그곳에 나와 있고 돈을 보내는 아버지는 가끔 와서 가족들을 보고 다시 돌아가는 기러기 가족. 좋은 환경, 교육조건을 찾아서 그렇게 살고 있었다. 아이의 미래를 위해서 부부가 희생하는 것이다. 그래도 한쪽 부모가 같이 나와 있는 경우는 그나마 좀 나은데 그렇지 않은 경우가 상당했다. 어떤 아이들은 양부모를 떠나서 친척집에 맡겨지거나 그렇지 않은 경우는 홈스테이를 하면서 전혀 관련도 없는 사람들 집에서 생활했다. 내가 알던 한 아이는 초등학교 5학년 때부터 부모를 떠나 외국 생활을 시작했다. 그것도 영어를 배워야 한다는 이유로 백인들만 산다는 아주 먼 지역에서 말이다. 그 아이가 말하기를 학교가 끝나면 아무도 없는 캄캄한 조그만 방에 들어가 컴퓨터를 켜고 하루 종일 음악을 듣는 게 일이었다고 한다.

이런 시기를 지나 아이가 잘 성장해 준다면 더할 나위 없이 감사한 일이다. 그런데 모두 다 그런 건 아닌 거 같다. 거친 사춘기를 지난 아이들은 자기를 혼자 이런 곳에 보낸 부모를 원망하는 경우도 있었다. '부모님들이 자기가 싫어서 먼 나라로 떠나보냈다'고 생각했다. 어떤 아이는 마약에 손을 댔다가 직접 마약을 사서 파는 상황까지 갔다. 결국 그 아이는 학교에서 쫓겨나 다른 지역으로 옮겨 가야 했다. 아이들은 부모가 그런 환경 가운데 자기들을 방치했다고 믿고 원망하고 분노했다. 아이들의 이런 뜻밖의 반응에 부모들은 놀라게 된다. 아이들을 위한 것이라 믿고 어렵게 결정하고 보낸 일인데 전혀 예상치 못한 결과에 부딪히게 되었기 때문이다.

이런 일들이 실제로 일어나고 있고 그 바탕에는 서로 다른 기대가 숨겨져 있다. 부모들은 아이들의 미래가 최대 관심사다. 사회가 어떻다는 것을 경험을 통해 알기 때문이다. 자기들이 비록 힘들고 어렵게 산다고 해도 아이들은 좀 더 나은 세상에서 살았으면 하는 것이 모든 부모의 심정이다. 자식에게 더 나은 미래를 주겠다는 일념만으로 모든 희생을 감수한다. 그러나 아이는 부모에게 기대하는 것이 그런 게 아닐 수 있다. 성공을 위해서 잠시 헤어져 있자는 말을 아이는 이해할 수 있을까? 무슨 노래 제목 같은데 '사랑하기 때문에 잠시만 헤어져 있자는 말' 같은 것이다. 그럴 수도 있지만, 사랑하면 같이 있어야 하지 않나? 어떤 어려움도 떨어지지 말고 같이 이겨 나가야 하지 않나 싶다. 아이들이 부모의 그런 말도 안 되는 사랑법에 꼼짝 못하고 당하는 이유는 뭘까?

심리학적으로 말해 힘을 가진 외부 대상의 요구가 너무 강하면 아이는 그 대상의 요구를 거부할 수가 없다. 아이들에게 부모는 이와 같다. 부모는 아이에게 거부할 수 없는 힘을 가진 외부 대상이다. 그래서 부모의 도움이 절대적인 아이들이 부모 요구에 반해 거부의 의사를 표현한다는 것은 쉽지 않은 일이다. 사랑이 떠날 수 있다고 생각하기 때문이다(Kohut, 1984; Winnocott, 1988; Gostecnik, Repic, and Cvetek, 2008). 이때 아이들이 선택할 수 있는 방법은 자신을 포기하는 것이다. 외부 대상의 기대에 부응하기 위해 자신의 욕구를 포기하고 외부 대상의 욕구에 순응하고 사는 것을 말한다. '착한아이 증후군' 같은 것이 좋은 예가 될 수 있다. 앞서 언급한 '척 셀프'의 예가 여기에 해당한다.

착한아이 증후군에 시달리는 대표적인 모델이 모범생의 경우다. 모든 것에 모범생으로 살아가는 아이들. 어쩌면 이들은 천성은 그렇지 않지만 부모님이 좋아하니까 자신이 좋아하는 것을 포기하고 살아가는 아이들 일 수 있다. 자기가 하고 싶어하는 것, 그것을 하고 싶다는 말을 하지 못하고 부모님이 원하는 대로 살아간다. 심하게는 자기가 뭘 원하는지도 모르고 살 수 있다. 그렇게 살다가 한계에 다다른다. 그리고 폭발한다. 그리고 그 분노를 그렇게 따르던 외부 대상에게 쏟아낸다. 급격한 감정의 변화를 경험하는 시기인 사춘기 때 부모들이 흔히 당하는 일이다. 아이들이 평소와 다른 반응을 보이면 부모들은 당황스럽다. 화낼지도 모르고 착하기만 한 아이가 왜 이렇게 바뀌었는지 의심스럽다. 이게 '진짜 내 자식이 맞나'하는 생각도 든다. 자식 맞다. 그 착한 아이가 무서워서 말 못하다가 갑자기 터진 것이다. 언젠가 터질 것이 터진 것이다. 하지만 당황스러운 부모만큼 혼란스럽기는 자녀들도 마찬가지다. 오랫동안 참아왔던 감정들을 주체할 수 없기 때문이다. 어디서 이런 것들이 왔는지 이유가 무엇인지 정확히 알 수가 없다. 자신의 의지와 상관없이 누르기만 했던 아이들은 그 대상이 되는 부모에게 화가 나 있다. 당황하는 부모들을 보면서 통쾌하기도 하다. 그러나 자녀들은 부모가 자신을 사랑한다는 것을 안다. 그래서 통제가 안 되는 자신의 행동 때문에 죄책감을 동시에 경험하기도 한다.

부모, 자녀 간에 이런 것들을 원한 것이 아니었을 것이다. 문제는 그것이 서로 달랐다는 점이다. 자신이 바라던 것들이 원하는 대로 이루어지지 않았을 때 실망을 넘어 느낄 수 있는 분노의 감정이다. 부모, 자녀의 예를 들었지만, 큰 틀에서 보면 결국 관계라는 관점에서 이해할 수 있다. 서로 관계를 맺기 시작하면서 일정부분 외부 대상에게 갖기 시작한 기대 말이다. 이런 관계 안에서 갖게 된 기대의 예로 빼놓을 수 없는 것이 결혼이다.

우연히 부부 문제로 유명한 어떤 분의 강의를 TV에서 보게 됐다. 그 분이 강의 중에 '결혼 초기에는 그 사람이 없으면 죽을 것 같았는데, 결혼 후에는 그 사람 때문에 죽을 것 같다'고 말한 내용이 기억난다. 짧지만 여러 생각을 갖게 하는 말이다. 앞서 둘째 누님의 이야기를 가지고 비슷한 내용을 말한 것 같다. 사랑해서 결혼하지만 그게 얼마 가지 않는다는 것.

부부들의 결혼만족도를 조사한 연구에서 보면 그 정도가 결혼하자마자 급격히 하락한다고 한다(Worthington, 2002). 일반적으로 결혼만족도 그래프가 결혼 후 완만히 올라가는 경우나 급격히 증가하는 경우를 기대할 수 있다. 설혹 그렇지 않다고 해도 급격히 떨어지는 것을 기대하지는 않을 것이다. 왜냐하면 그렇게 사랑하는 사람하고 하는 결혼이니까! 사랑해서 결혼하고, 사랑하는 사람하고 같이 살게 됐으니까 당연히 행복할거라고 믿는다. 그러나 불행하게도 현실은 우리의 기대와 많이 다른 것 같다.

이런 불행한 현실을 최근 가파르게 증가하는 이혼율이 잘 보여주고 있는 것 같다. 미국 같은 경우를 보면 확연하다. 이곳의 이혼율은 아시아 어느 나라와 다르다. 상당히 높다. 아마도 우리 중 일부는 서양 사람들은 결혼하고 헤어지게 좀 자유롭다고 알고 있을지 모른다. 한국 같이 과거에는 일단 결혼하면 그것을 운명으로 알고 살아야 했던 아시아 국가들과는 다르게 말이다. 확실히 미국 같은 서양 나라는 결혼에 대한 그런 전통을 가지고 있는 것 같지는 않다.

하지만 놀랍게도 과거 미국이라는 나라도 우리와 비슷한 전통이 있었다. 결혼을 중요하게 받아들이고 한 가족을 이루어 지속하는 관계말이다. 그러나 산업화를 거치고 도시화가 진행되면서 이런 전통에 변화가 일어났다. 급격한 이혼율의 증가는 그 변화를 보여주는 좋은 예다. 높은 이혼율 때문에 최근에는 가족에 대한 국가 복지 정책을 수정해야 할 정도가 되었다. 홀 부모나 미혼모, 또는 아이의 친부모가 아닌 부모의 남자친구나 여자 친구와 사는 아이들이 증가하고 있기 때문이다. 이들은 전통적인 아빠, 엄마, 자녀의 가족 구조가 아니다. 이런 다양한 가족형태에 따라 맞춤형 사회복지와 지원계획이 필요하게 되었다 (Waldfogel, Craigie, & Brooks-Gun, 2010).

결혼의 형태가 이렇게 변하고 만족스럽지 못하다고 해서 모든 사람들의 경험이 다 그렇다고 할 수 없다. 만족스럽지 못한 사람도 있지만 그렇지 않은 결혼 생활도 있기 때문이다. 사랑하는 사람을 만나면 몸에서 특수한 호르몬이 나온다는 말들을 많이 한다. 그리고 그 호르몬이 2년이 채 안가서 소진돼 버린다는 말.... 그 후 다시는 그 대상을 향해서 나오지 않는다는 충격적이고 실망스러운 말과 함께... 만약 어떤 사람과 결혼해서 살면 잠깐의 신혼시기를 보내고 그 후부터 그 대상을 향해서는 절대 똑같은 감정을 가질 수 없다는 슬픈 이야기다... 이런 이야기를 들은 때마다 '결혼은 절대 하지 말아야지' 라는 생각이 들 수 있다. 그러나 최근 연구 결과는 또 다르다. 결혼 생활에 만족해하고 여전히 배우자를 사랑한다고 고백하는 사람들이 그래도 있다는 긍정적인 결과다. 흥미롭게도 배우자를 사랑한다고 말하고, 행복한 결혼 생활을 유지한 사람들은 그렇지 않은 사람들과 뇌구조가 달랐다. 이들 뇌의 특정한 부위가 결혼에 대해서 불만족해하는 사람보다 활성화 되고 발달해 있었다. 오랜 시간을 같이 한 그들의 뇌는 서로를 위한 특정한 부위가 발달한 것이다. 함께 산 세월들이 지겨운 것이 아니라 서로에 대한 깊은 애정을 갖게 한 시기가 그렇게 만든 것이다. 그들은 결혼 만족도가 급격히 떨어지지도 않고 완만하게 증가하고 행복해 했다(Fisher, 2008). 그러니까 꼭 결혼이 불행하게 끝날 거라고 생각할 필요는 없다.

본론으로 다시 돌아가 보자. 왜 결혼 생활이 자신의 뜻대로 되지 않는지, 왜 실망하게 되는지, 왜 모든 것을 줄 것 같은 결혼이 전혀 다른 전개가 되는지는 이 기대 때문이다. 관계 전문가가 말하기를 사랑의 감정이라는 것이 결국은 '퇴행'의 과정이라고 한다. 사랑하는 대상을 만나게 됐을 때 우리가 느끼는 감정과 행동들이 이 퇴행의 과정과 유사하기 때문이란다. 퇴행은 심리학 용어 중에 하나인데, 쉽게 말해 '뒤로 돌아가 버리는 것'이다. 현실이 받아들이기 힘들거나 스트레스를 받게 되면 행복했던 시절로 돌아가 버리는 것. 일종의 현실 부정의 현상이다.

과거로 돌아가 버리는 이 퇴행의 현상은 일상에서 흔히 발견된다. 젖을 다 뗀 유아가 동생이 태어났을 때 보이는 행동이 전형적이다. 갑자기 젖을 다 뗐는데 엄마 젖을 먹겠다고 달려들거나 대, 소변을 가리지 못하게 된다. 예비군복을 입은 아저씨들의 일탈행위도 일종의 퇴행현상이다. 사회에서는 정말 바른 생활하시는 분들인데 군복만 입혀 놓으면 애들처럼 행동한다. 모이라고 해도 모이지 않고, 반항적이고, 아무데서나 먹고 흘리고, 소변을 본다.

사랑이라는 감정을 퇴행이라고 말하는 것은 이와 비슷하기 때문이다. 인간에게 가장 완벽한 장소는 엄마의 자궁 안이다. 엄마와 완벽하게 교감할 수 있고 모든 것들이 적절하게 공급된다. 안전하게 머물면서 24시간을 부모와 동행하는 천국과 같은 곳이 바로 그곳이다. 자궁을 벗어나는 그 순간부터 인생은 '고난'의 연속이다. 부모가 아무리 완벽한 환경을 제공한다고 해도 어머니 뱃속만한 곳은 세상 어디에도 없다. 자라나면서 이런 현실은 더 심각해진다. 수많은 도전과 상실을 경험해야 한다. 자신만이 유일하게 사랑받는 존재가 아니라는 것을 알게 된다. 원하는 것을 맘대로 가질 수 없고, 혼자서 다 할 수도 없다. 그리고 자신이 얼마나 나약한 존재라는 것을 깨달으면서 살아간다. 삶 자체가 이런 사실들을 발견하는 깨달음의 연속이다.

그러다가 사랑하는 사람을 만난다. 새로운 세상이 열리는 순간이다. 둘이 있기만 하면 모든 것들이 즐겁고 행복하다. 갑자기 없던 힘도 생기고 세상을 바꿀 수 있을 것만 같은 자신감이 용솟음친다. 그 사람 때문이다. 이 사람은 내가 엄마의 뱃속을 떠날 때 잃었던 모든 것을 줄 것 같다. 그리고 실제로 가능해 보인다. 그런 부푼 기대를 갖고 사랑하고 결혼까지 한다. 그러나 현실을 발견하는 데는 그렇게 오래 걸리지 않는다. 사랑하는 사람을 만나서 이런 현상을 경험하는 것이 바로 '퇴행, 정서적 퇴행'이다(Peck, 2003).

결혼을 해야 한다고 주장하는 사람으로서 괜한 말을 했나 하는 생각도 든다. 오히려 결혼에 대한 부정적인 이야기만 잔뜩 하고 있다는 느낌이 든다. 미안하고 죄송스럽다. 그러나 사랑이 정서적 퇴행이라는 말은 새겨들을 필요가 있다. 오히려 이루지 못할 환상을 갖는 것보다는 낫기 때문이다. 지나친 기대로 실망하는 것보다는 좋을 수 있다. 결혼하는 사람들이 기대를 가진다고 하는 것은 그들의 표현을 통해서 드러난다. '이런 사람하고 결혼할거야', '결혼하면 이런 것들을 하고 싶어' 등등의 것들이다. 이런 표현들이 결혼에 대해 우리가 가지고 있는 기대를 나타내는 것들이다. 기대를 아예 갖지 말라는 것은 아니다. 기대해야 하고 그래야 결혼할 수 있다. 하지만 꼭 기대대로 안 될 수 있다.

일찍 집을 떠나 독립생활을 하거나 결혼을 하는 사람들은 다양한 이유를 가지고 있다. 그 중 하나가 가족과의 생활이 행복하지 않아서 일수도 있다. 만약 가족과의 관계가 너무 좋고 행복하다면 그렇게 빨리 가족을 떠나지 않을 것이기 때문이다. 이런 경우 가족한테서 얻지 못한 것들을 혼자 살면서나 아니면 결혼, 또는 누군가를 만나서 보상받으려는 동기를 가질 수 있다. '보상이론'의 핵심적 내용이다. 과거의 얻지 못한 것을 누군가 통해 또는 어떤 것으로부터 얻으려고 하는 것. 이 모든 것들은 기대에 그 근거를 두고 있다. 그러나 막상 그 기대가 현실에서 충족되지 못할 때 우리는 분노하게 된다. 이런 관점에서 생각해보면 사랑해서 결혼한 부부가 왜 서로를 마치 원수처럼 여기고 분노하는지 조금은 이해할 수 있다(김해영, 2012).

▶ 무시당한다는 느낌

화가 나는 또 다른 이유 중에 하나는 무시당한다는 느낌을 받을 때다. 요즘 푹 빠져 있는 게 하나 있다. 아이돌 그룹중 하나인 방탄소년단이다. 외국에서는 BTS로 더 잘 알려져 있다. 늦은 나이에 주책이라고 할지 모르겠는데, 이 친구들이 정말 대단하다. K-pop 가수인데 7명의 인원으로 구성된 아이돌 그룹이다. 작년엔 미국 어워드 쇼에 초대 받고 올해는 빌보드에 최고 아티스트 상을 받았다. 그리고 올해 8월에 발표한 'Idol'이라는 타이틀곡으로 각종 기록을 갱신중이다. 이 친구들의 인기를 대단하다는 말로 표현하기에 부족할 정도다. '아미(Army)'라고 알려진 이들의 팬클럽이 전 세계적으로 형성되어 있다. 이들은 노래 공유는 기본이고 곡이 발표되면 유튜브 조회수를 올리기 위해 서로 격려한다. 또, 이 소년 그룹을 궁금해 하는 사람들을 위해 자세히 설명해 주는 수고를 마다하지 않는다. 놀라운 건 이 그룹은 영어권 친구들이 멤버 중에 하나도 없다. RM(Rap Monster를 이름의 앞 문자를 딴 것)이라는 그룹 리더를 제외하고 영어를 거의 하지 못한다. 이 친구도 영어를 독학으로 배운 친구다. 팬들은 한국말로 곡이 발표되면 발표되기 무섭게 영어로 번역해서 공유한다.

이 친구들의 인기가 정말 심상치 않다. 중동, 유럽, 동구권, 남미를 거쳐 급기야 미국, 캐나다까지 거의 전 세계적이다. 이 친구들을 알게 된 건 우연히 유튜브 리액션 영상을 보면서다. 리액션 영상은 영화나 노래 등을 보고 자기 느낌이나 생각을 찍어서 올리는 일종의 놀이 같은 것이다. 이들은 영화나 막 발표한 가수들의 뮤직비디오, 또는 음악을 듣고 보면서 자신의 반응이나 느낌들을 편집해서 올린다. 유명 유튜버들은 팔로워가 수십, 수백만에 이르는 사람들도 있다. 인기가 유명 연예인 못지않다. 이 방탄소년단이 이렇게 인기를 갖게 된 것에는 몇 가지 이유가 있다. 먼저 이들이 대형기획사가 아닌 소규모 소속사에서 출발했다는 것, 엄청난 춤 실력(소위 칼군무라고 하는데, 이것은 모든 멤버의 동작이 마치 자로 잰 듯이 절도 있게 추는 것 같다는 것을 말함)과 직접 곡 작업에 참여하는 것, 모든 음악이 깊은 의미를 가지고 있고 비슷한 연령대의 고민, 사회적 이슈를 다룬다는 것, 그리고 유튜브를 통한 팬과의 소통이다. 이들은 노래를 직접 작사, 작곡하고 안무 작업도 참여하는 실력들을 가지고 있다. 그 중 이들이 대형기획사의 마케팅이 없이 이렇게 성장하게 된 것은 유튜브를 통한 팬과의 소통과 유명 유튜버들의 리액션 비디오가 중요한 역할을 했다고 본다. 이들이 곡을 발표할 때마다 유튜버들은 자신들의 리액션 반응을 인터넷에 올린다. 한국말을 하나도 이해하지 못하는 친구들이 말이다. 그리고 그 밑에 엄청난 수의 댓글들이 달린다. 신곡을 발표할 때마다 이들은 한국말을 이해하려고 하고 곡에 담긴 내용들의 의미들을 발견하고 노력한다.

이런 일들을 보면서 외국에서 공부한 어수룩한 동양 사람이었던 나에게 여러 감정들이 교차한다. 영어가 모국어가 아닌 나는 그 놈의 언어 때문에 '무시' 당한 일들이 너무 많았다. 처음 외국에 나가서 대학원 공부를 시작하기 전에 영어학원을 다녔었다. 그 학원 옆에는 맥도날드 햄버거 집이 있었다. 나는 주로 거기서 점심식사를 해결하곤 했다. 다운타운 한 가운데 있는 그 햄버거 집은 점심시간에 사람들이 엄청 몰리는 곳이었다. 그 시간만 되면 줄이 길게 늘어서곤 했다. 사람들이 많기 때문에 조금만 주문하는 게 더디면 눈치가 보이곤 했다. 지금 생각해 보면 손님인 내가 주문하는 게 더디다고 눈치를 볼일이 없는데 그때는 온통 주눅이 들어 있었다. 거기서 일하는 친구들은 주로 중, 고등학교 아이들이었다. 나이가 나보다 한참을 어린 친구들이다. 나이가 서른을 넘긴 나는 그 어린 친구들의 눈치를 봐야 했다. 다 서툰 영어 때문이었다. 햄버거를 주문할 때 제일 쉬운 방법은 세트메뉴를 시키는 것이었다. 'Can I have a number 3? (3번 메뉴를 주세요)' 라고 말하면, 음료수는 어떤 걸 먹을지 물어본다. 그러면 나는 'Coke, please (콜라 주세요)' 라고 말한다. 주로 콜라를 시켜서 먹었다. 거기서는 콜라를 이 '코크'라고 하는데 이걸 주로 먹었던 건 맛있어서 그러는 게 아니었다. 발음이 쉬었기 때문이다. 사실 한국에 있을 때는 일 년 지나도 몇 번 먹을까 말까 했던 게 콜라다. 몸에 좋지 않다고 주변에서 그렇게 말하기도 했고 한식을 좋아했던 나에게 콜라를 먹을 기회가 그렇게 많지도 않았기 때문이다. 그런데 거기 햄버거 집에 가면 주구장창 콜라만 시켜댔다. 발음이 제일 쉬웠다는 이유로 말이다. 다른 것을 시켜서 사람들이 나의 정통 콩글시쉬 발음을 눈치채게 하는 것도 싫었고, 영어를 버벅거리는 나를 주문받는 친구들이 어떻게 대할지 겁도 났기 때문이다.

그런데 하루는 정말 큰 맘 먹고 다음에는 오렌지주스를 시켜

야겠다는 생각을 했다. 몸에 좋지도 않을 것 같은 콜라를 계속 먹는 게 그랬고 일단 배운 영어를 써 먹어보려는 무모한 용기가 생겼기 때문이다. 용기라고 했지만 사실은 좀 화가 났다. 한국에 있을 때 나름 영어를 한다고 했는데 여기서는 전혀 그게 소용이 없었다. 단어 만땅, 소리 없이 읽기만 하는 무음의 독해 실력, 테트리스 하듯이 문법 따져서 내뱉어야 하는 전통 일본 발음의 회화. 부끄럽지만 이게 내 영어였다. 근데 현장에서는 정말 아무짝에도 쓸모가 없었다. 간단한 햄버거 하나 주문하는데도 힘들었다. 나보다 나이가 한참 어린 친구들한테 주눅이 들어 잔뜩 긴장하며 주문해야 한다는 현실에 너무 화가 났다. 그래서 콜라 말고 오렌지주스를 먹어야겠다고 생각했다. 더 이상 주눅 들어 당하고(?) 만은 살 수 없다고 생각했기 때문이다. 오렌지주스를 신맛 때문에 그렇게 좋아하지 않지만 그래도 콜라보다는 건강할 것 같았다. 용기를 내야 했다. 잔뜩 겁먹고 있어서는 될게 아무것도 없었다.

그런데 문제는 이 오렌지주스 발음이 쉽지 않았다. 단어에 'r' 발음이 들어가기 때문이다. 한국 사람이 잘 안 되는 발음 중에 하나가 이거다. 저음에 단음조가 많은 우리 나라말 특성상 단어 중에 이 발음이 섞이면 정말 쉽지 않다. 한 삼일을 연습했던 것 같다. 그리고 '이 정도면 됐다' 싶었다. 내가 들어도 좀 비슷하게 들렸다. 그 다음날 그곳에 갔다. 주문하기 위해 서 있는 중간 중간에도 계속 연습했다. 그리고 마침내 그 순간이 왔다. 평소처럼 세트 메뉴를 말했다. 역시 음료수는 어떤 걸 먹을 거냐고 물어봤다. 그래서 대답했다.

나: Can I get an orange juice? (오렌지주스 주세요)

잘 못 알아들었는지 다시 물어 본다.

점원: Excuse me? (뭐라구요?)

용기를 내서 좀 큰 목소리로 말했다.

나: Can I get an orange juice? (오렌지주스 주세요)

못 알아들었는지 또 물어본다. 좀 짜증이 섞인 목소리다.

점원: Sorry? (네?)

나: Can I get an orange juice? (오렌지주스 주세요)

다시 용기를 내서 말했다. 그렇지만 당황하고 긴장했던 것 같다.

점원: What? (네?)

세 번째까지 내 말을 잘 못 알아들었는지 그 친구의 눈썹이 갈매기 눈썹으로 변하기 시작했다. 바빠 죽겠는다는 표정이다. 내 뒤에는 사람들 때문에 줄이 점점 더 길어져 갔고 옆에서 주문하던 사람들도 나를 쳐다보는 것 같았다. 얼굴이 빨개지고, 식은땀도 나는 것 같았다. 간신히 한 마디 했다.

Coke, please! (콜라 주세요)

햄버거를 받아 들고 자리에 앉은 나는 복잡한 감정에 어떻게 음식을 먹었는지 기억도 나지 않는다. 그러나 그때의 그 참담한 심정은 상당한 시간이 흐른 지금도 아주 생생하다. 자괴감도 들고 부끄럽고, 한없이 작아진 나. 무엇보다 익숙하지 못한 영어 때문에 한참 나이 어린 친구에게 '무시' 당한 것 같아 그런 내 자신이 너무 한심스럽고 화가 났다. 하지만 이런 일들은 앞으로의 유학생활에서 시작에 불과했다. 비슷한 일들을 외국에서 공부하는 동안 수시로 경험하게 되었다는 말이다. 차이점은 영어가 조금씩 늘면서 그런 느낌을 받으면 그전처럼 이제는 '당하지' 만은 않게 되었다는 것이다.

유학생활하면서 언어 때문에 겪게 되는 이야기로 이 장을 시작했다. 개인적인 경험이라 일반화 하기는 무리가 있다. 하지만 우리 모두는 어떤 일 때문에 누군가에 무시당한다는 느낌을 경험했을 거라고 본다. 저자가 말한 유학의 경험이 아니더라도 우리 일상에서 일어나는 다른 일들을 통해서 말이다. 만약 그런 경험들이 많다거나 특별히 민감하면 조그만 사건에게 쉽게 분노하거나 화가 치밀어 오를 수 있다. 예를 들어, 시장에서 뭔가를 사기 위해 줄을 서 있다가 분노를 경험할 수 있다. 가게 주인이 손님을 대하는 모습이 달라 보일 수 있기 때문이다. 자신에게는 그렇게 친절해 보이지도 않고 잘 웃지도 않는데 다른 사람에게는 잘 웃고 상냥하게 대한다고 해보자. 그러면 아마도 '아니 그렇게 자주 오는데 나한테는 저렇게 웃어 주지도 않고 상냥하지도 않은데 저 사람한테는 다르네!!!'라고 느낄 수 있다. 조금 더 발전하면 '내가 물건을 조금씩 산다고 그러나! 내가 시장에서 이딴 물건이나 산다고 무시하는 거야?'라고 엉뚱한 방향으로 진행될 수 있다. 기분을 망친 그 사람이 무슨 핑계를 잡아서 화를 낼지 모른다.

이런 일들은 직장에서도 일어날 수 있다. 자기와 상사와의 관계에서 말이다. 회의 시간에 자기 의견을 말했는데 상사가 전혀 듣지 않고 관심도 없다고 느낀다. 다른 사람들의 말은 잘 들으면서 말이다. 상사가 다른 동료를 바라보는 눈빛에는 사랑과 애정이 가득 실렸다. 실수를 해도 반응이 '열심히 하다 보면 그럴 수 있어'한다. 그런데 자기한테는 그렇지 않아 보인다. 무슨 말을 해도 쳐다보지도 않고 어쩌다 눈길을 줘도 한심하다는 듯이 보는 것 같다. 실제로 그런지 알 수 없다. 그러나 그는 그렇게 느낀다. 동료와 비슷한 실수를 한 것 같은데 자신에게는 용서가 없다. 당연히 동료에 비해 무시당한다는 느낌을 가질 수 있는 환경이다.

학교에서, 친구관계에서도 심지어 형제, 부모 사이에서도 이런 일들은 언제든지 일어날 수 있다. 부부관계에서도 상대편 배우자가 무시당하는 것 같다는 느낌을 갖게 되면 문제가 심각해 질 수 있다. 어떤 분은 아내의 한숨 소리만 들으면 화를 참을 수가 없다고 한다. 그 한숨이 그냥 내 쉬는 것이 아니기 때문이다. 아내는 이야기를 하다가 갑자기 멈추고 남편을 빤히 쳐다보며 '휴'하고 한숨을 쉬어 댄다. 자기 앞에서 그렇게 할 때면 남편은 너무 화가 난다. 단순한 한숨이지만 아내는 여기에 엄청나게 많은 의미를 포함해서 남편에게 전달하고 있기 때문이다. 아내의 눈빛과 한숨이 남편에게는 자기를 무시하고 있다는 느낌으로 받아들여졌다. 그래서 어떤 말보다 그 한 번의 반응이 남편을 극한 분노로 몰아간다.

정말 사람들을 무시하는 나쁜 성격을 가진 분들이 있다. 돈이 많고, 사회적 지위가 높아서 가지지 못한 사람이나 지위가 낮은 사람을 무시하는 사람들. 어느 사회나 그런 사람들이 존재하고 여전히 그런 행동들을 하면서 살아간다. 앞서도 '갑질'의 예를 들어 이야기를 했는데 '돈만 많은 일부 사람들'의 행동이 그렇다. 만약 무시를 당하게 되면 어느 누구를 막론하고 화가 나고 분노하는 것은 당연한 일이다. 무시를 못하도록 화도 내고 무언가 행동을 해야 한다. 우리 모두는 그럴 권리가 있다. 무시당하는데 그걸 당연하게 여긴다면 오히려 그게 더 이상한 일이다. 그런데 어떤 사람들은 이 '무시'에 일반 사람들의 반응과 다르게 좀 더 민감하게 반응하는 사람들이 있는 것도 사실이다.

이 사람들은 남들이 자신을 무시한다고 생각한다. 그런데 특정한 어떤 사람들만이 그런 것이 아니고 모든 사람들이 다 그렇다고 믿는다. 그래서 다른 사람들의 시선, 몸짓, 말투 등 아주 사소한 것들에 민감하게 반응한다. 악수를 할 때도 나하고 할 때와 다른 사람들과는 어떻게 같은지와 다른지를 살핀다. 상대편하고 어떤 자세로 악수하고 얼마나 손을 잡고 있었는지, 악수 할 때 웃었는지 안 웃었는지 주의 깊게 본다. 그것이 자기와 할 때 어떻게 다르고 어떻게 비슷한지 보는 것이다. 자기에게 한 것과 조금 다르게 한다거나 틀리는 것 같아도 감정이 상한다. 이들에게는 상대편의 반응과 그 상황들이 굉장히 중요하다. 직장뿐 아니라 친구관계, 부모와 자녀, 심지어 종교 생활까지도 판단 대상이 된다. 직장 상사가, 친구가, 부모의 자녀를 대하는 태도, 스님이나 목사님들의 평소 눈빛마저도 이들에게는 예외가 될 수 없다. 불교신자인 분이 이렇다면 스님의 매일매일의 말투와 행동에 민감하게 반응할 것이다. '어제는 스님이 이렇게 말씀하시고 오늘은 또 다르게 말씀하시네. 왜 그렇지?' 라든가, '나한테는 그런 말씀 안하시던데 저분한테는 그렇게 말씀하시고, 더 오랫동안 이야기도 하시고,'라고 생각한다. '스님이 사람을 차별해서 대하시네. 내가 직업도 변변찮고 공양도 많이 못하니까 무시하시나?'라고 생각할 수 있다. 결국 그런 생각들이 꼬리를 물게 되면 어느 순간 스님에게 화를 폭발시킬지 모른다. 교회를 다니는 분들도 예외일 수 없다. 이 사람들은 '헌금 많이 하는 사람만 더 좋아한다' 믿고 '자기는 돈을 많이 못 내니까' 라며 오해한다. 결국 '왜 저를 무시하는 거예요? 제가 헌금을 많이 못 내서 그러는 거예요? 목사님이 돈만 밝혀요!' 라고 분노하며 교회를 떠날 수 있다. 그리고 어느 교회를 가도 마지막은 비슷하다.

이런 반응을 보이는 사람들은 사고 영역의 일정 부분이 왜곡되어 있는 경우가 많다. 같은 상황을 보더라도 다른 사람과 다르게 자기만 오해할 수 있는 독특한 구조를 가지고 있다. 예를 들어, 비가 오는 날 버스를 타려고 가는데 운전자가 그냥 출발해 버렸다. 이 상황을 해석하는 방향이 다양할 수 있다. '비가 와서 내가 오는 것을 보지 못했나 보다', '차에 사람이 많아서 공간이 없어서 그랬나 보다' 또는 '바빠서 나를 기다릴 시간이 없었나?' 같이 말이다. 이 중에 하나를 선택해서 생각할 수 있다. 그러면 전혀 문제가 되지 않는다. 모두가 자기감정과 관련된 것들이 아니기 때문이다. 그러나 독특한 구조를 가진 사람은 이 중에 어느 것도 선택하지 않는다. 그 현상을 자신과 관련해서 개인적인 사건으로 만들어 버린다. '사람들이 자기를 무시한다'고 믿는 사람은 '사람이 오는데 그냥 가버려? 내가 버스나 타고 다닌다고 무시하는 거야!'라고 생각한다. 그리고 버스 회사에 전화를 걸어 따져 묻는다.

한 상황을 왜곡되게 바라보는 것으로 그 일 자체보다 그 일을 해석하는 관점 때문에 고통을 받고 분노하는 경우다(Ellis, 1977, 1994; Beck, 1976, 2000). 이런 사람들은 특정한 상황을 바라보는 자기만의 독특한 생각과 사고 구조를 가지고 있다. 문제는 그것이 모두가 동감할 수 있는 객관적인 사실에 근거하고 있지 않다는 데 있다. 이들은 자기 스스로의 독특한 사고구조를 가지고 그 안에서 어떤 논리를 발달시킨다. 이것을 내적 대화(Internal Dialogue), 내면적 언어(covert verbalization)라고 하기도 하고(Kendall & Hollon, 1981), 또는 자동적 사고(Beck, 1976)라고도 한다. 그러니까 특정한 상황을 맞닥뜨리게 되면 그것을 해석하기 위한 다양한 이유를 고려하지 않는다. 그 상황에 부딪히면 어떤 생각이 자동적으로 떠오르고 그것이 감정과 행동을 지배하게 된다.

이런 식으로 사고하게 되면 현상을 해석하는 방식이 고착되어 있다는 것을 의미한다. 대인관계에서도 이 방식이 그대로 적용된다. 자신을 대하는 사람의 의도가 상대방이 원하는 것과는 전혀 다르게 해석되고 받아들여진다. 타인이 자기와 관계하는 방법, 대하는 태도가 다양함에도 불구하고 이런 독특한 사고구조는 이 모든 것들을 보지 못하게 한다. 다양한 시각, 해석의 여지가 있음에도 결국 그 구조 안에서 왜곡되어 해석이 된다. '저 사람이 저렇게 하는 건 나를 무시하기 때문이야'라는 방식이다. 주변 사람은 당황스러울 수밖에 없다. 매 순간 잘하다가 한 가지 실수로 이 사람에게 오해를 받을 수 있기 때문이다. 때로는 조그만 것에 너무 과격하게 반응하는 상대에게 놀라게 된다. '이게 그렇게 화낼 만한 일인가?'라는 의구심이 들게 하는 상대방의 반응 말이다.

구조가 왜곡된 사람들은 더 안 좋은 상황에 빠질 수 있다. 이들의 급격한 감정의 변화와 반응이 사람들을 자기로부터 몰아낼 수 있기 때문이다. 고립된 대인관계를 초래할 수 있다는 의미다. 주변 사람들이 이들과 좋은 관계를 가지려고 해도 쉽지 않다. 원인도 모르게 갑자기 화를 내고 그 이유가 도대체 근거가 없기 때문이다. 하지도 않은 일로 오해받고 화를 당해야 하는 상대는 그런 불쾌한 감정을 주는 사람을 더 이상 만나고 싶지 않을 것이다. 사람들이 자신을 피하고 가까이 하지 않는다는 사실이 이들을 더 분개하게 할 수 있다. 화가 나고 그것을 표현하면 할수록 상황은 더 악화된다. 외부 사람들의 이런 반응은 이들의 왜곡된 사고가 결국 옳다는 확신만 주게 된다. '봐, 사람들이 나하고 이야기도 하지 않으려고 해. 다 나를 피하잖아. 다 나를 무시해서 저러는 거야'라는 근거 없는 사고 말이다. 결국 그런 과정은 자기가 만들어 가는 꼴이 되고 만다. 악순환의 연속이다.

▶ 학습되는 분노

어릴 적 초등학교 시절 선생님에게 자주 듣던 말이 있다. '맹모삼천지교(孟母三遷之敎)'라는 건데, 맹자의 어머니께서 아들의 교육을 위해 세 번이나 이사를 했다는 내용이다. 처음에는 묘지, 다음에는 시장, 마지막에는 서당 근처로 움직였다. 이사를 갈 때마다 맹자는 그곳 주변 사람들 흉내를 냈다고 한다. 그것을 지켜보던 어머니가 화들짝 놀라 아들을 위해서 좀 더 좋은 환경을 찾아 갔다고 한다. 지금 생각해 보면 장의하시는 분이나 장사하시는 분들이 화낼 일이다. '아니 직업에 귀천이 어디 있다고 사람 무시하는 거야!'라고 말이다. 그렇긴 해도 어쨌든 전하고자 하는 내용은 주변 환경의 중요성을 강조하는 말이다. 누구를 만나느냐, 또는 어디에 사느냐가 개인에게 영향을 줄 수 있기 때문이다. 맹자의 어머니는 아들을 위해 세 번의 이사를 했지만 요즘 부모님들은 더 하면 더했지 덜하진 않을 것 같다. 세 번이 아니라 나라를 건너서 움직이는 정도가 됐기 때문이다.

비슷한 이야기를 우리 아버지도 했던 기억이 있다. '생선을 싸면 생선 냄새가 나고 꽃을 싸면 꽃향기가 난다'는 말씀이셨다. 좋은 친구를 만나야 한다는 의미셨을 것이다. 막 성장하기 시작하는 아들이 주변에 좋은 친구를 만났으면 하는 바램에서 그런 말씀을 하셨을 거다. 난데없이 시시콜콜한 옛날이야기를 꺼내 분위기를 칙칙하게 만드나 싶을 수 있다.

핵심은 '환경'이다. 사람은 어떤 환경에 노출되느냐에 따라 거기로부터 영향을 받는다. 안데르센의 '미운오리새끼'라는 이야기가 있다. 우연찮게 오리 가운데 태어난 새끼 백조는 자신을 오리라고 생각한다. 당연히 오리처럼 행동하고 먹고 생활한다. 모습도 틀리고 더 크게 생겼지만 자신이 오리가 아닐 거라고는 생각하지 못한다. 오리 가운데 태어났기 때문이다. 이 이야기에서 보면 외형적 모습보다 어디에서 태어나고 자라났느냐가 더 중요해 보인다. 그게 개인의 정체성과 생각, 모든 것을 결정짓는데 엄청난 영향력을 발휘하기 때문이다. 백조를 오리로 만들어 버릴 정도로 말이다. 백조를 둘러싼 수많은 오리들은 '환경'이다. 이 환경은 현재의 나를 만드는데 무시할 수 없는 힘을 가지고 있다. 그것을 경험적으로 알던 우리 조상과 어른들은 자녀들에게 좀 더 좋은 환경을 주시려고 그렇게 노력하셨을 거다.

인간발달에 환경의 영향력을 강조하는 흐름들이 20세기 초에 거세게 일었다. 이 흐름은 러시아 사람 파블로프의 '개'실험에 의해 촉발되었다고 볼 수 있다. 이것은 일정한 자극에 반응하는 개를 관찰하는 연구였다. 먹이를 줄 때마다 종소리를 울려 개들의 반응이 어떤지 지켜보았다. 개들에게 이 종소리는 맛있는 먹이가 온다는 신호와 같았다. 그 소리를 듣고 개들은 침을 흘렸다. 나중에는 먹이 없이 소리만으로도 똑같은 결과를 얻어낼 수 있었다. 종소리를 듣고 개들은 반사적으로 침을 흘리며 반응했다.

그 당시 이 실험에서 얻은 결과는 획기적인 일이었다. 외부조건의 조절만으로 어떤 반응을 이끌어 낼 수 있다는 것을 보여 주었기 때문이다. 그것은 환경의 중요성을 보여준 것이다. 단순하게 말해 환경만 잘 조절하면 사람에게도 적용할 수 있다는 의미가 되기 때문이다. 그리고 실제로 그렇게 된다. 마침내 미국에 유명한 한 행동심리학자는 '환경을 바꿈으로 사람을 바꿀 수 있고 사회적 변화도 가능하다'고 선언하기에 이른다. 이 사람의 주장은 한동안 미국 교육학에 적용되어 선풍적인 인기를 끌게 된다(Miller, 2011). 그 후 너무 극단적 선언이었다는 것이 밝혀지고 인간의 지적인 부분을 고려하지 않았다는 비판에 직면한다. 그럼에도 불구하고 그 만큼 인간발달에 환경이 얼마나 중요하다는 것을 잘 보여주었다.

이 환경은 결국 '모방'이라는 것과 관련이 있다. 단순히 보는 것만으로 그것을 따라 하는 것이다(Miller & Dollard, 1941). 소꿉놀이 하는 아이들이 여자아이는 엄마, 남자아이는 아빠 역할을 하면서 논다. 아이들은 자기가 평소에 보던 엄마, 아빠의 모습을 놀이를 하면서 그대로 재현해 낸다. 일종의 모방이다. 우리 아이가 3살을 막 넘어가던 시기였다. 바쁜 일이 있어서 급하게 서둘러 나가야 했다. 경황이 없어서 막 급하게 아이를 챙겨 나가려고 하는데 TV 리모콘을 찾을 수 없었다. 결국 한 손으로는 아이를 보듬어 안고 한 발로는 TV 버튼을 눌러 껐다. 그 일 후 며칠이 지나서 다시 아이와 함께 나갈 일이 생겼다. 그런데 아이가 정말 의외의 행동을 했다. 나가려고 서두르는 나를 보고 아이는 내가 하던 것과 똑같이 발을 들어서 TV를 껐다. 한편으론 그 모습이 우습기도 하면서도 좀 놀랐다. 아이가 다 보고 있다는 말의 의미가 가슴에 '확' 와 닿으면서 '정말 조심해야겠다'는 생각이 들었다. 영어 표현에 '내가 하는 대로 하지 말고, 말하는 대로 해(Do what I say, Not do what I do)'라는 말이 있다. 이 말은 부모가 자녀에게 어떤 특정한 행동을 가르치지만 그 행동의 모델이 되지 않으면 효과가 없다는 의미로 사용된다. 아이들은 부모의 말을 따라 하는 것이 아니고 행동을 모방하기 때문이다. 이런 일들은 우리 주변에서 흔히 발견된다. 환경 안에서 모방을 통한 간접적 교육의 형태라고 할 수 있다.

사회학습이론에서는 이보다 좀 더 나아가 심지어 '성격은 배워지는 것이다'라는 말도 하게 된다(Dollard & Miller, 1950). 일반적으로 '성격은 타고 나는 것'이라고 믿던 그 당시 흐름과는 엄청 다른 접근이었다. 이 말은 아이와 관계하는 대상과의 관계를 통해서 그 아이의 성격이 형성 발달된다는 것으로 다시 한 번 환경의 중요성을 강조하는 말이다. 심하게 말하면 마음만 먹으면 사람의 성격 자체도 충분히 원하는 방향으로 만들어 갈 수 있다는 의미다. 더 나아가 환경의 중요성을 강조하고 적극적 모방의 역할을 강조한 사람들도 있었다. 그들은 '관찰학습'의 중요성을 강조했다. 어떤 행동을 배우기 위해서 반복적으로 따라하는 행동을 취하지 않고 단순히 '보는 것(Watching)'만으로도 학습이 가능하다고 말한다(Bandura and Walters, 1963). 의도적으로 어떤 목적을 가지고 반복적으로 주입하려는 노력이 필요치 않을 수 있다는 말이다. 전혀 의도하지 않았지만 단순히 누군가의 행동에 반복적으로 노출되어 바라보는 것만으로 학습 효과가 발생한다는 뜻이다.

이런 주장들을 고려해 보면 기질적으로 잘 화내고 분노하는 사람들도 결국 환경적 영향아래 그렇게 된 것이라고 가정해 볼 수 있다. 즉, 분노하는 행동들이 외부 대상과의 관계 속에서 모방과 관찰을 통해 학습되었다는 가정이다. 쉽게 화내고 분노하는 누군가의 행동이 아이에게 그대로 보여지고 아이는 그것을 단순히 따라하다가 성격으로 굳어진 것이다. '콩 심은 데 콩 나고 팥 심은 데 팥 난다'는 격이다. 그런 의미에서 맹자 어머니의 교훈은 단순히 보는 것만으로도 의도하지 않던 행동들이 습득될 수 있는 것을 이미 알고 있던 조상들의 지혜를 보여준다.

성 정체성이라는 것을 적용해 보면 환경가운데 이루어지는 모방이나 관찰학습이라는 개념이 좀 더 분명해진다. 여자아이와 남자아이의 성 정체성 형성은 쉽게 말해 엄마와 아빠를 따라 자기를 여자와 남자로 인식하는 것이다. 즉, 여자아이는 엄마를 바라보면서 여성성에 대한 기본적인 개념을 형성해 간다고 할 수 있다. 남자도 이와 유사하다. 아버지가 모델이 된다. 여성은 여성으로써 남성은 남성으로써 부모가 정체성 형성의 주요한 대상이다. 물론 예외적인 경우도 있지만 일반적인 관점에서 보면 쉽게 예상해 볼 수 있는 것이다. 여기서 예외라는 것들은 남성이 여성성을 발달시켜서 여성으로 살아간다거나 그 반대의 경우 등의 여러 변수를 의미한다. 거기에는 여러 가지 이유들이 가능하겠지만 그런 예외적인 경우를 말하는 것은 아니다.

내가 말하려고 하는 건, '동일시' 또는 '동일화'라고 부르는 것이다. 이것은 좋아하거나 영향력이 있는 사람의 말투, 행동, 옷 입는 것, 심지어 생각하는 방식까지 따라하게 되는 것을 말한다. 이 동일시가 강하게 일어나면 자아상 형성에도 영향을 준다. 만일 이 동일시 대상이 (주로 아이를 돌보는 부모님이나 돌보아 주었던 중요한 인물들, 또는 아이들에게 영향을 주었던 외부 대상들) 자기를 부정적으로 보고 열등하다고 생각하면 그런 생각마저도 동일시가 일어날 수 있다. 동일시하는 아이는 그렇게 느낄 아무 이유가 없는데 그 대상이 그랬기 때문에 자신도 열등한 인물로 인식할 수 있다(Chodorow, 1974; Chung, 1986; Flax, 1981; Yoon, 1986).

그러나 분노, 화 같은 감정의 동일시 과정을 남자, 여자에게 모두에게 똑같이 적용하는 것에는 좀 무리가 있다. 환경 안에서 관찰을 통한 모방 학습이 일어나는 것은 남자, 여자 모두에게 마찬가지다. 그러나 어떤 것은 성별에 따라 권장되고 어떤 것들은 그렇지 않을 수 있다. 분노 같은 감정들이 그렇다. 분노와 같은 감정들은 남자들에게 훨씬 동일시가 잘 일어나는 것으로 보인다. 그러나 여자들에게 이런 감정의 동일시는 남자와 다르다. 사회, 문화적 환경을 고려해야 할 측면이다. 여기서 사회, 문화적이라는 말은 남자를, 여자와 다르게 대하는 외부적 태도를 말한다. 흔히들 남자와 여자에게 기대하는 것들이 다른 태도 같은 것들이다.

이런 것들은 예를 들어, '남자가 성질이 좀 있어야지', '한번 쿨 하게 화내고 말어. 남자답게', '남자가 화도 못 내고 당하고 살면 남자답지 못하니까 한번 쯤 화내는 게 남자답잖아' 하는 식으로 표현된다. 반면, 여자에게는 좀 다르다. 여자가 화를 내면 여자답지 못하다'거나 '여자가 좀 드세네. 다소 곳 해야지 그게 뭐야'라는 식이다. 화를 내고 분노하는 것이 성에 따라 다르게 적용되는 사회, 문화적 분위기가 있다. 앞에서 비슷한 내용을 이미 말한 것 같다.

우울증 같은 증상이 또 다른 좋은 예가 될 수 있다. 심리적 증상의 하나로 이것은 오히려 여성에게 좀 더 관대하다. '여자니까 우울증 같은 것도 걸릴 수 있어'라고 생각한다. 화내는 남자에게 '남자가 그럴 수 있어'라고 하는 것과 같다. 반면 남자가 우울증이 걸렸다고 하면 '찌질 하게 남자가 무슨 우울증이야'라고 반문하다. 이런 분위기가 지배하는 한국적 상황을 유교적 영향의 결과라고 지적하는 연구들이 있다(Lee, 2006; Nam, Lee & Hwang, 2011). 이런 사회, 문화적 차이를 고려할 때 분노와 같은 감정은 남성들이 훨씬 더 적극적으로 학습할 가능성이 있다. 이미 학계에서는 이런 점을 고려해서 여성과 남성의 차이점을 인정하고 다르게 접근해야 한다는 주장들이 많이 있다(Orcutt & Schwabe, 2012).

여기에 덧붙여 동일시를 거친 학습된 분노가 더 강화되는 경우가 있을 수 있다. 화를 내는 것이 주위를 지배하고 조종하는데 있어 매우 유용하다는 것을 발견할 때다. 화를 이용해서 상대방의 관심을 끌거나 자기가 원하는 것을 얻는 것과 같다. 부정적 학습의 결과라고 할 수 있다. 예를 들어, 어느 집에는 대화 소리가 차분하고 조용한데 반해 어떤 집은 마치 싸우는 것같이 큰 집이 있다. 대화라기보다는 막 소리를 질러대는 것 같다. 조용한 집에서 살던 사람이 어쩌다 이런 집을 방문하게 되면 굉장히 불안하게 느낄 수 있다. 가족 간의 대화가 마치 싸우는 것처럼 들릴 수 있기 때문이다.

이런 일들이 왜 벌어질까? 앞서 언급한 '성격은 배워지는 것'이라는 말을 잘 생각해 보면 답이 나온다. 목소리가 큰 집들이 아마 처음부터 그렇게 대화하지는 않았을 것이다. 그런데 어느 순간부터 작게 말하는 것보다 크게 말할 때가 훨씬 더 효과적이라는 것을 배우게 된 것이다. 일련의 사건들을 계속해서 반복하고 학습하게 된 결과다. 다음 예를 보자. 상황은 쓰레기를 밖에 갖다 버리라는 아내의 말에 반응하는 남편의 태도다.

아내: 여보, 밖에 쓰레기 좀 갖다 버려주세요 (작고 부드럽게)

*남편: 응 알았어 (*움직이지 않고 계속 TV를 본다).

아내: (쓰레기가 그대로 있는 것을 발견하고, 좀 큰 목소리로) *여보, 쓰레기 좀 갖다 버려줘요.*

남편: 응 알았어 (대답만 하고 여전히 움직이지 않는다).

아내: (여전히 쓰레기가 있는 것을 보고, 짜증내며 큰 목소리를) *여보, 쓰레기 좀 버리라니까요!!!!*

남편: (벌떡 일어나서) *응. 알았어* (쓰레기를 들고 밖으로 나간다)

큰 소리로 짜증을 섞어 말하니 바로 반응하는 남편을 보면서 아내는 생각한다.

아내: ('소리를 지르니까 바로 반응하네. 이게 효과가 있군. 다음

부터는 아예 시작부터 소리를 질러야겠구만')

부드럽게 말하는 아내의 요구에 남편은 바로 반응하지 않았다. 그런 남편을 보며 아내는 급기야 같은 요구였지만 큰 소리를 냈고, 즉각적인 반응을 얻어냈다. 이런 일들이 반복해서 일어나면 아내는 자연스럽게 '남편한테는 조용히 말하면 안 돼. 소리를 질러야 움직여'라는 생각을 갖게 된다. 그러면 그 후 남편에게 무언가를 요구할 때나 자기의 생각을 강요할 필요를 느낄 때 작게 말할 가능성은 많지 않다. 큰 소리를 내야만 남편이 반응한다는 것을 학습을 통해서 배웠기 때문이다.

분노 학습의 과정도 이와 같을 수 있다. 동일시하는 대상이 있다. 그 대상이 누군가와 관계하는 모습을 지켜본다. 그런데 동실시 하는 대상이 상대편과의 대화를 그런 식으로 진행하는 것을 봤다. 화내고 큰소리를 지를 때 상대편의 반응이 즉각적이고 빨랐다. 그리고 그런 일들이 계속해서 반복되고 그런 과정을 계속 지켜봤다고 가정해 보자. 그런 관계방식을 지속적으로 보고 자란 아이는 분노가 자신의 욕구를 관철시키는데 효과적이라는 것을 자연스럽게 배웠을 것이다. 그리고 주변 대상들을 향해 실제적으로 그런 방식을 시도해 볼 것이다. 만약 다른 사람들의 반응이 자신이 예상했던 대로였다면 아이는 자신감을 갖게 될 것이다. '어 이것 봐라. 화를 내니까 훨씬 일이 수월하네. 좋은데. 계속해야지'라고 생각하면서 말이다. 이런 생각을 바꿔줄 대상이나 환경의 변화가 없다면 아이는 학습한대로 계속해서 그 방법을 사용할 것이 분명하다. 그리고 우리는 '똥이 무서워서 피하냐. 더러워서 피하지'라고 반응한다. 문제는 그 똥을 더러워하지 않는 사람을 만나기 전까지 아이는 교묘하게 분노로 사람들을 조절하는 방법을 더 발달시켜 나갈 것이다.

▶ 심리적 분노

이번에 말하게 될 분노의 원인은 '심리적 분노'에 관한 것이다. 이것은 앞서 언급한 여러 내용들보다는 좀 복잡하다. 화를 내는 사람의 이유가 당장의 분노의 원인과 직접적 연관이 없어 보이거나 중요하지 않은 것일 수 있기 때문이다. 자신을 화나게 하는 이유가 있긴 하지만 그것과 다른 어떤 좀 더 복잡한 요인들이 있을 수 있다는 의미다. 이 경우는 '별일 아닌 것 같은데 내가 왜 이렇게 흥분하는지 나도 잘 모르겠어'라는 상태가 된다. 주위 사람들도 '저게 그렇게 화를 낼 정도인가'라거나 '재는 별것도 아닌 일에 왜 저렇게 흥분하는지 모르겠네'라고 반응할 수 있다. 이것은 우리가 알지 못하는 어딘가에 있는 그것들과 관계가 있다. 내가 쓴 또 다른 책에서 이것을 '자기중심의 의식적 경험'과 '자기중심의 무의식적 경험'이라는 말로 표현했다(김해영, 2012).

'자기중심적'이라는 말은 다른 사건을 같은 시각으로 받아들이는 것을 말한다. 자기만 생각하고 타인의 이익을 무시하는 이기적인 태도를 의미하는 것이 아니다. 사건이나 사물을 자기 편에서 이해하는 것으로 인식의 자기중심성을 말한다. 이것은 유명한 교육학자의 말을 빌린 것인데, 인지능력이 발달하면서 인간이 지나게 되는 단계에서 겪게 되는 특징을 의미한다. 이 단계의 이르면 '한 가지 사물을 바라볼 때 보여지는 면 외에 다른 면이 있다는 것을 알지 못한다'는 것이다. 이 단계에서는 자기가 바라보는 그 상태의 모습을 다른 사람들도 똑같이 바라보고 있다고 믿는다. 예를 들어, 두 가지 색을 가진 종이가 있는데 한쪽은 검은색, 한쪽은 흰색이다. 내 쪽에서 바라보는 쪽이 검은색, 그리고 내가 보지 못하는 면이 흰색이라고 해보자. 이 인지단계에 머물러 있으면 검은색을 바라보는 나는 반대쪽에서 있는 상대편도 똑같이 검은색을 보고 있다고 생각한다. 그러나 상대편은 지금 검은색이 아니라 흰색을 보고 있다.

이처럼 자기중심적이라는 말은 내 편에서 사물을 바라보는 자기만의 독특한 시각을 의미한다. 이 자기중심적 시각은 '의식적 경험'과 '무의식적 경험'으로 나뉜다. 이 둘 다 앞서 언급한 개인을 둘러싼 환경의 영향아래 있는 것들이다. 이 둘은 한 사람의 성격형성에 중요한 역할을 하는 것으로 의식적 경험은 얼마간의 노력을 통해서 발견할 수 있는 것들이다. 현재 행동이나 시각에 영향을 미친 일련의 사건들로 스스로 기억하고 분석해 낼 수 있는 것들이다. 자기중심의 의식적 경험은 마치 운전과 같다. 운전을 하지 못하던 사람이 처음 차를 몰던 때를 기억해 보면 된다. 내가 처음 운전을 배우던 시기는 지금처럼 오토차량이 많지 않았다. 스틱이라고 부르는 기어를 넣고 클러치를 밟아야 되는 차들이 대부분이었다. 이 차들은 시동을 켜고 클러치를 밟고 기어를 넣고 그리고 천천히 출발해야 한다. 이 과정이 부드럽지 않으면 시동이 꺼지고 만다. 초보 운전자들한테는 제일 어려운 부분이다. 기어를 넣고 출발할 때 시동이 꺼지지 않게 하는 것이 핵심이다.

처음 운전을 배우던 시기에 가장 두려웠던 것이 언덕길에서 차들이 멈춰 서 있는 것이었다. 만약 클러치를 밟고 기어를 넣는 게 익숙지 않으면 차가 뒤로 후진할 수 있었다. 실제로 그런 일들을 몇 차례 경험했다. 주변 친구들도 운전을 막 배우던 시절에 그것 때문에 사고를 내고는 했다. 그래서 일부러 오르막길에선 앞차와 거리를 멀찍이 두고 서서 기다렸다. 이 스틱형식의 차로 운전을 배우던 초보 시절엔 공식처럼 '시동 걸고-클러치 밟고-기어 넣고-천천히 출발'이라고 하는 순서들이 머리에 박혀 있었다. 그런데 운전이 조금 익숙해지자, 그런 공식들을 더 이상 생각할 필요가 없게 되었다. 자연스럽게 몸이 반응했다. 나중에는 공식을 전혀 생각하지 않아도 손발이 알아서 저절로 움직였다. 뇌가 반응할 기회도 없이 마치 기계처럼 말이다. 자기경험의 의식적 경험은 이런 것이다. 어떤 것에 반복적으로 노출이 되면 나중에는 그것을 전혀 의식하지 않고도 자동적으로 하게 되는 행동들 말이다. 그러나 본인이 조금만 노력을 하면 그런 행동 패턴들을 금방 발견하고 원인도 알아낼 수 있다.

반면, 자기중심의 무의식적 경험은 이와는 좀 다르다. 이것은 어지간해서는 의식할 수 없는 것으로 노력해도 좀처럼 발견할 수 없다. 그러나 알지 못하지만 우리 생활에 여러 가지로 영향을 미치는 어떤 것이다. 이것은 어떤 대상이나 물건을 보는 시각을 결정짓는다는 점에서 의식적 경험과 비슷하다. 하지만 왜 그런지 그 이유에 대해서는 설명할 수 없다. 드러나지 않기 때문이다. 왜 그 물건을 다른 것에 비해서 더 선호하는지, 어떤 색깔이 다른 것에 비해 더 좋고 그렇지 않은지 등과 같은 것이다. 특정한 날짜만 되면 갑자기 우울해지거나, 많은 말들 중에 왜 유독 어떤 표현들이 그렇게 견디기 힘든지, 왜 이런 독특한 반응들을 보이는지 자신은 정확히 알 수는 없다. 이와 같은 것들은 자기중심의 무의식적 경험들과 관련되어 있기 때문이다.

음식을 지나치게 많이 먹는 것도 건강에 좋지 않지만 너무 먹지 않는 것도 똑같이 해롭다. 요즘은 너무 먹지 않아서 걱정스럽다. 살이 찐다고 먹지 않는다. 내 눈이 좀 평범하고 세련되지 않아서 그런지 모르겠지만 전혀 그렇게 보이지 않는데 뚱뚱하다고 말한다. 누가 뭐라고 한 것도 아닌데 살을 빼려고 한다. 어떤 사람들 중에는 이런 행동들이 지나친 경우가 있다. 너무 먹지도 않고 먹어도 금방 토해 버린다. 맛있게 먹고 즐겨야 할 음식을 마치 독약 바라보듯이 한다. 조금만 먹어도 살이 쪘다고 믿는다. 거울을 보면서 매일 점검을 한다. 그리고 살이 더 찐 것 같다고 우울해 하고 또 먹지 않는다. 보기에 지나치게 말라보이고 걸어 다니는 게 힘들어 보일 정도다. 그런데도 먹지 않는다. 왜 그렇게 먹지 않을까?

음식을 거부하고 외모에 지나치게 민감한 이런 행동을 자기경험의 무의식적 경험과 연결해서 생각해 볼 수 있다. 어쩌면 이것은 그녀가 가지고 있는 여성성과 관련이 있을 수 있다. 본인이 가진 '여성은 이래야'한다는 내재적 이미지 말이다. 날씬하고 남들 보기에 예뻐야 한다는 자기 체면과 같은 여성의 이미지.

너무 먹지 않아서 고민이 여성이 있었다. 어머니는 그녀가 거의 먹지 않고 먹어도 바로 토해 버린다고 했다. 그녀도 왜 그렇게 음식에 거부 반응을 보이는지 알 수 없다고 말했다. 먹으려고 하지만 몸에서 음식을 받지 않는다고 했다. 처음에 살이 찌는 것 같아서 가볍게 다이어트를 시작했다고 한다. 예뻐지려면 날씬해야 한다고 믿었기 때문이다. 그리고 살이 조금 빠지자 자기를 다르게 보는 사람들의 시선이 느껴졌다. 관심을 보이는 남자들도 하나, 둘씩 생기기 시작했다. 그때부터였다. 그녀는 필요 이상으로 지나치게 음식에 집착하고 다이어트를 무리하게 시도하게 되었다. 그 후에는 너무 힘들어 음식을 먹으려고 해도 몸이 다르게 반응했다. 먹을 수도 없었고 먹자마자 바로 토했다. 이러다 죽을 것 같았다.

그녀의 지나친 다이어트 뒤에는 아버지의 짙은 그림자가 있었다. 그녀가 아주 어릴 때 부모님이 헤어지셨다. 그 후 그녀는 어머니와 혼자 살아야 했다. 아버지에 대한 경험이 거의 기억나지 않는다. 그러나 자기중심의 무의식적 경험 깊은 곳 어딘가에 떠나간 아버지에 대한 뭔지 모를 감정이 남아 있었다. 언제부터인가 아버지에 대한 그리움에 쌓여, 그녀는 자기 안에

스스로에 대한 어떤 상을 만들어 가기 시작했다. 그것은 '이렇게 예쁜 모습이면 아버지가 자기를 떠나지 않았을 거야'라는 믿음에서 출발한 여성상이다. 그리고 그녀가 만든 그 상에 들어맞는 자신을 만들기 위해 수시로 점검하고 노력하기 시작했다. '예쁜 딸을 보면 아버지는 돌아올 거야'라고 믿었기 때문이다. 그래서 그녀에게 살이 찌는 건 용납할 수 없는 것이었다. 그녀는 언제나 날씬하고 예쁜 모습으로 남아 있어야 했다. 다이어트와 외부인들, 특히 남성들의 반응은 그녀의 이런 자기중심의 무의식적 경험을 현실로 받아들이게 하는 사건이 되었다.

이런 기대와 지나친 아버지에 대한 이상화가 음식에 대한 병적인 거부로 나타날 수 있다. 하지만 그녀는 자신의 그런 행동에 대해서 깊이 알지 못했다. 자신의 음식 거부가 단순히 살을 빼기 위한 반응이라고 믿었다. 그러나 그 이상의 무언가가 있다. 그것은 아버지에 대한 열망이다. 떠나간 아버지를 돌아오게 하겠다는 본인의 그 어떤 것이 음식거부로 나타나고 있다는 것을 알지 못했다. 자기중심의 무의식적 경험은 이와 같다. 지나친 음식의 거부가 단순히 살을 빼기 위한 것으로 보일 수 있다. 하지만 이런 일들은 결국 우리가 알지 못하는 자기중심의 무의식적 경험 어딘가에 위치한 것들 때문이다. 잃어버린 부성에 대한 갈망. 그 바램이 기대로 그 기대를 통해 발달한 여성성이 극단적 행동으로 나타나게 된 것이다.

여기서 좀 더 발전시켜 보면 이 자기중심의 무의식적 경험이 우리가 화내고 분노하는 것에도 영향을 미칠 수 있다는 사실이다. 비슷한 예를 들면, 집에 돌아온 남편이 자기 방에 돌아와 깨끗이 정리된 책상을 보고 불같이 화를 낸다. 아내가 낮 동안에 남편 책상을 깨끗이 정리해 놓았기 때문이다. 남편에 대한 관심에서 지저분한 책상을 그냥 두고 넘어갈 수 없었다. 본인이 없는 동안에 책상을 정리해 주면 감사할 일 아닌가? 그런데 남편은 그런 아내를 향해,

'왜 내 허락도 없이 내 방 물건에 손을 대? 이렇게 해 놓으면 내가 어디에 뭐가 있는지 모르잖아. 왜 당신은 항상 자네 맘대로야? 뭐든지 나한테 물어보지도 않고 자기 하고 싶은 데로 해. 나가 당장 나가. 다시는 들어오지 마. 이방에!'

라고 소리를 지르고 불같이 화를 낸다. 지나치다 싶을 정도다. 그게 그렇게 큰일인가? 아내가 남편 방에 들어가는 게 뭐가 문제인가? 책상이 너무 정리가 안 돼 있어서 깔끔하게 정리해 줬는데 도리어 소리를 질러 댄다. 그럴 수 있겠지만, 좀 너무 하다 싶다.

또 다른 예로, 앞장에서 언급했던 예와 비슷한 남편이 너무 이기적이라고 생각하는 아내의 경우를 보자.

아내는 남편에게 너무 화가 난다. 아무리 생각해도 이기적이라는 생각밖에 들지 않는다. 뭘 해도 자기만 생각하는 것 같다.

두 아이를 키우는 동안 남편은 육아에 관심을 기울여 본 적이 별로 없는 것 같다. 회사일 핑계로 늦게 들어오고 쉬는 날도 하루 종일 누워서 빈둥거리거나 잠만 잔다. 이웃집 비슷한 가정들은 아빠들이 아이들도 챙기고 어디도 같이 놀러가고 하는데 그런 기대는 포기한지 오래다. 출근하는 남편에게 '일찍 들어와'라고 말하는 것조차 짜증이 날 정도다. 한번은 심하게 화를 내고 다투었다. 이유는 일요일 아침이 됐는데 새벽같이 옷을 차려 입고 나가려는 남편을 보면서다. 일주일 내내 밖에 있고 저녁 늦게 들어와서 애들 볼 시간도 없다. 그런데 일요일 하루 가족과 지내는 유일한 시간인데 또 나가려는 남편을 보고 그만 화가 폭발해 버린 것이다. 미친 듯이 소리를 질러대고 손이 닿는 대로 잡아서 던졌다. 순간 아무것도 보이지 않을 정도로 화가 났다.

이 두 사건을 자기중심의 무의식적 경험과 연결해서 이해해 볼 수 있다. 아내의 친절에 지나칠 정도로 화를 내는 남편. 가사에 관심이 없어 보이고 자기만 생각하는 것 같은 이기적 남편한테 분노하는 아내. 방에 들어와 책상을 정리한 아내와 육아를 돕지 않는 이기적인 남편은 상대방에게 다른 누군가를 연상시킨다. 자기중심의 무의식적 경험 가운데 있는 누군가를 말이다.

자기만의 공간이라고 생각한 장소에 아내는 오늘도 들어와서 자기 맘대로 남편의 물건을 정리해 버렸다. 그런 아내의 행동은 남편에게는 단순히 책상을 정리한 것으로 받아들여지지 않았다. 아무에게도 방해받지 않을 자기만의 공간을 원했던 남편의 숨은 요구를 아내는 무시해 버린 것이다. 남편의 분노는 그런 메시지를 품고 있다. '제발 안전하게 숨을 수 있는 내 공간을 좀 내버려 둬'라는 소리 말이다.

휴일 아침 주섬주섬 옷을 챙겨 입고 나가는 남편을 향한 아내의 분노도 비슷하다. 이기적인 남편에 대한 반응은 사실 '버려짐'에 대한 아내의 분노일 수 있다. 등을 보이고 떠나는 남편의 모습은 자기를 두고 떠나버린 누군가를 생각나게 한다. 남편이 떠나 버린 자리. 늦은 밤, 휴일에도 볼 수 없는 남편. 남편의 부재와 오랜 기다림은 아내가 가진 깊은 감정을 깨닫게 하는 것이다. '버림받을 수 있다는 두려움' 말이다. 이런 감정은 그녀가 가진 자기중심의 무의식적 경험과 관련이 있을 수 있다. 일종의 '유기의 경험'이다. 그의 부재는 누군가로부터 항상 버림을 받고 떠나버려 빈 공간에 남겨졌던 과거의 어떤 사건들을 그녀로 하여금 자꾸 생각나게 한다(김해영, 2012). 그래서 아내의 남편을 향한 분노를 사실, '나를 버리지 말아줘'라는 표현의 다른 방식이다.

분노가 이렇게 표현되는 것을 '진짜 분노(Real Anger)'와 '방어적 분노(Defensive Anger)'라고 표현하다(Shaddock, 2005). 진짜 분노는 분노를 일으킨 근본적인 원인을 말한다. 사건이 드러나는 표면적 이유가 아니라 그 사건을 통해 일어난 분노의 진짜 숨겨진 원인이다. 반면, 방어적 분노는 지금 현재 사건의 원인으로 보이는 표면적 이유다. 자기한테 물어보지도 않고 방을 치웠다는 것, 함부로 자기 물건에 손을 댔다는 것. 이것들이 분노의 현재의 표면적인 이유다. 진짜 원인이 아닌 방어적 분노다. 진짜 분노는 '가장 안전한 장소. 모두를 피해서 숨고 싶은 장소. 아무에게도 간섭받지 않고 눈치를 볼 필요가 없는 장소'를 침범당한 것이다. 그리고 계속적으로 그 일을 자신에게 해 왔던 어떤 대상에 대한 분노다.

육아를 같이 하지 않는 이기적 남편에 대한 분노도 비슷하다. 이기적 남편에 대한 것은 사건의 표면적 이유다. 아이들 하고 시간을 좀 같이 하고 육아를 함께 해 달라고 화를 내는 것은 방어적 분노다. 아내의 진짜 분노의 원인은 다른 곳에 있다. 그것은 아내의 유기에 대한 두려움이다. 자신을 돌봐주지 않고 떠나버린 누군가에 대한 분노. 돌봄이 필요한데 항상 그곳에 있지 않고 자기를 혼자 내버려 둔 그 대상에 대한 분노. 이 분노가 남편의 무관심한 태도 때문에 터져 버린 것이다. 자기와 아이들을 두고 떠나는 남편. 필요할 때 정작 그곳에 있지 않은 남편의 부재는 과거의 사건들을 생각나게 한다. 그의 행동은 그녀가 두려워하는 유기의 경험을 떠올리게 하는 것이다. 이것들이 진짜 분노의 원인들이다. 따라서 이들의 분노는 심리적이고 그 뿌리가 깊다.

세 번째 이야기: 분노 다스리기

▶ 분노 조절의 네 단계-사스법칙

여기서는 분노를 다스릴 방법인 '사스법칙'을 이야기하려고 한다. 이것은 분노 해결의 네 단계를 의미한다. 이 네 단계는 '멈춤(Stopping)', '인정하기(Acknowledging)', '분석(Analyzing)' 그리고 '해결(Solving)'을 말한다. 사스법칙은 이 영어 단어의 맨 앞 머리글자를 소리 나는 대로 조합한 것이다. 화가 났을 때 대응하는 방법으로 네 단계를 순차적으로 적용하는 원리를 말한다. 그럼 각 단계에 대해서 차근차근 살펴보자.

(1) 멈춤-S(Stopping)

멈춤은 분노 조절의 첫 번째 단계라고 할 수 있다. 이것은 말 그대로 화가 났을 때, 아니면 화가 날 것 같은 전조 증상이 보이면 그 감정을 '멈춰 버리는 것'이다. 순간적으로 분노가 폭발하거나 아니면 서서히 그 감정이 올라올 때 화가 나는 사람은 이 상황을 인식할 수 있다. 자기가 어떤 상황에서 분노가 폭발한다는 것을 경험적으로 알고 있기 때문이다. 그 상황들은 자기가 지금 폭발할 것 같다든지, 그 직전이든지 하는 위험한 때를 말한다. 이 증상들은 시작 전에 보이는 독특한 반응들이 있기 때문이다. 심장 박동이 빨라지거나, 몸의 근육이 긴장된다든지, 또는 몸의 피가 확 몰리는 느낌 등과 같은 것이다. 여러 가지 분노의 전조 신호들이다. 이 첫 번째 단계는 이런 증상들이 나타나기 시작할 때 그 반응을 멈추게 하는 것을 말한다. 다양한 방법들이 있다. 그 방법은 속으로 '멈춰'라고 말하기, 숨고르기, 경고밴드 이용하기, 명언암송, 다른 생각하기, 자리 떠나기 등등이 있다.

• '멈춰'라고 말하기

'멈춰'라고 말하기는 분노의 감정이 서서히 올라 올 때 스스로에게 큰 소리로 '멈춰'라고 말하는 것이다. 물론 상대편이나 일반 대중들이 많이 있는 곳에서 소리 내서 말하는 것은 아니다. 안에서 올라오는 감정들을 향해 경각심을 주는 자기 결단의 소리다. 소리 내지 않고 속으로 지르는 강한 경고성 메시지를 보내는 행동을 말한다. 몸의 상태, 감정의 동요 등 여러 가지 급격한 변화들이 감지될 때 강하고 단호하게 자신을 향해 '멈춰'라고 외친다.

• 숨고르기

이 방법은 심리치료에서 불안증을 경험하는 사람들에게 흔히 사용되는 방법 중에 하나다. 방법은 '들숨', '날숨'이라는 것으로 숨을 깊게 들이쉬고 내 뱉는 연속작업이다. 화가 나는 상황을 마주하고 분노가 느껴지는 순간에 숨을 깊이 들이쉬고 셋까지 센 후 다시 숨을 내 쉰다. 셋을 세는 동안 숨을 붙잡고 내쉬지 말아야 한다. 그리고 천천히 숨을 내쉬면서 다시 속으로 셋까지 센다. 이 작업을 여러 번 반복하도록 한다. 순간적으로 근육을 이완시키고 긴장을 늦춰주는 효과가 있다.

• 경고밴드 사용하기

이것은 손목에 감고 다니는 두꺼운 고무밴드를 말한다. 분노를 느낄 때마다 이 밴드를 당겼다가 푼다. 분노가 경험되는 순간에 밴드가 주는 아픈 느낌들이 참아야 한다는 생각들을 일깨울 수 있다. 탄력이 좋은 밴드는 아무것이나 사용할 수 있다. 집에 있는 노란 고무밴드를 사용할 수도 있다. 그것이 약하면 몇 개를 동시에 묶어서 사용한다. 손목에 묶인 고무밴드를 보는 것만으로도 분노조절에 효과가 있다. 눈에 잘 띄는 색깔의 것이면 더 좋다.

• 명언암송

분노의 순간에 알고 있던 몇몇 도움이 되는 구절들을 외우는 행동을 말한다. 감정의 변화를 느끼거나 감정이 요동칠 때 마음이 평안해지는 좋은 구절들을 반복해서 천천히 암송한다. 따라서 평상시에 도움이 되는 좋은 구절들을 외워두고 분노의 순간이 아니더라도 암송하고 의미를 되새기는 훈련을 하도록 한다.

• 다른 생각하기

분노하게 하는 일들 말고 다른 일에 집중하는 것을 말한다. 누구든지 한번 화가 나면 그 일에 집착하게 된다. 하지만 이것은 오히려 상황을 더 나쁘게 만든다. 그 일을 생각하면 할수록 화는 더 커지기 때문이다. 이렇게 되는 것을 피해야 하는 이유는 과거에 관련된 일들도 함께 떠오르기 때문이다. 유사한 일들이 떠오르면서 자기의 현재 분노가 '그렇기 때문에 정당하다'라는 식으로 진행이 된다. 부부 싸움을 하거나 다투는 사람들이 자꾸 과거 일들을 이야기 하는 것이 이런 이유다. 현재 배우자의 실수가 한번이 아니고 과거부터 지속되어 온 나쁜 습관이기 때문에 지금 자신의 분노가 당연한 것이라고 믿게 된다. 이렇게 되면 한 사건에만 집중하기 힘들어지고 객관적으로 판단하기도 쉽지 않다. 분노를 해소할 수 있는 것 중에 하나가 사건의 당사자로써 자신을 객관적으로 보기인데 그것이 불가능해진다. 따라서 다른 생각하기는 그런 사고의 과정을 잠시 멈추게 하고 생각을 다른 곳으로 돌리는 것을 말한다. 어떤 생각이어도 상관없다. 어제 본 드라마나, 뉴스, 과거에 재미있었던 여행 등등 뭐든지 가능하다. 이 방법을 통해 좀 진정이 되면 다시

한 번 왜 분노하게 되었는지 생각해 본다.

- 자리 떠나기

화가 나는 순간 그 자리를 떠나는 것을 말한다. 쉽게 말해 그 자리를 일단 피하는 것이다. 분노의 순간은 급격하고 또 워낙 강렬하기 때문에 만약 그 대상이나 화가 나는 순간에 머물러 있으면 대부분 통제를 벗어나기 쉽다. 사춘기 아이를 둔 부모가 아이와 대화를 할 때 '아차'하는 순간 폭발해 버릴 수 있다. 그 현장에서 계속 머물면 일어날 수 있는 일이다. 이때는 아이에게 '잠시 머리 좀 식히고 와서 이야기 하자'라고 말하거나, '내일 다시 이야기 하자'라고 말하고 멈추는 게 좋다. 그리고 그 자리를 떠난다. 이렇게 시간을 갖게 되면 감정도 정리되고 차분하게 다시 시작할 수 있다.

(2) 인정하기-A(Acknowledging)

이 단계는 본인이 화가 났다는 것을 인정하는 과정을 말한다. 굳이 화가 났다는 것을 인정한다는 것이 필요할까 생각할 수 있다. 이런 반응은 '자기가 화가 났다는 것을 받아들이고 인정하는 것이 어려운가?' 또는 '인정하는 것이 뭐 그렇게 중요한가?' 라는 생각 때문이다. 답은 '그렇다'이다. 화가 났다는 것을 인정하는 것이 누구에게는 별것 아닌 일일 수 있다. 그러나 그렇지 않은 사람들도 있다. 어떤 이유 때문에 자기감정을 이해하거나 탐색하는 것이 어려운 사람들이 있을 수 있기 때문이다. 앞에서 언급한 완벽주의적 성격을 가진 사람에 대해서 다시 이야기 해 보자. 이런 사람들은 일에서 뿐 아니라 사람과의 관계도 잘 조절한다고 생각한다. 어떤 일도 기대하는 것 이상의 결과를 가져와야 하는 것처럼 관계도 마찬가지이기 때문이다. 어떤 일이든 통제할 수 있는 범위를 벗어나는 것을 이들은 용납할 수 없다. 그것은 자기가 완벽하지 않다는 것을 보여주는 것이기 때문이다. 자기감정을 조절하는 것도 이와 비슷하다.

분노가 폭발해서 자기감정도 조절 못하는 사람으로 보여지는 것을 이들은 원치 않는다. 변함없이 젠틀하고, 사교적이며 사랑받는, 모든 면에서 완벽하기를 원한다. 이들은 화를 내는 것 자체가 자신들의 완벽한 모습에 이롭지 못하다고 여긴다. 이렇게 되면 화가 났다는 것을 인정하는 것이 쉽지 않다. 분노하고 그것이 밖으로 드러나는 것은 자신이 환경을 통제할 수 있는 능력이 없다는 말인 동시에 완벽하지 않는 것을 인정하는 일이다. 그들에게는 견디기 쉽지 않은 일이다. 그래서 끝까지 부정한다. 화가 나도 그 감정을 숨기고 언제나 여유로운 듯이 자신을 포장하고 모든 것이 통제아래 있다는 느낌을 주려고 애쓴다. 하지만 불행하게도 이런 노력은 금방 들통이 난다. 그리고 이런 사실이 이들을 더 불안하게 하고 걷잡을 수 없는 분노를 이끌고 만다.

유사하지만 좀 다른 예는 화가 났다는 것을 알지도 못하고 인정도 할 수 없는 경우도 있다. 앞서 언급한 자기감정을 드러내는 것조차 허락되지 않는 환경속에서 자란 경우다. 나보다 다른 사람의 감정에 먼저 반응하도록 훈련 받았다고 해보자.

지나치게 희생적이거나 헌신적인 사람들 말이다. 자기감정을 드러내는 것이 다른 사람들에게 어떤 결과를 가져 온다는 것을 알고 있다. 그래서 자기감정을 억누르는데 익숙하다. 애써 무시하거나 아무 것도 아닌 것처럼 외면한다. 개인적인 이야기를 하다가도 다른 사람의 말에 자기 말을 금방 포기해 버린다. 이런 게 익숙해지면 자기가 원하는 것이 무언지도 모를 수 있다. 그렇게 살아왔기 때문이다. 그래서 이들에게 자기가 화가 났다는 것을 표현하거나 인정하는 것이 쉽지 않다. 이들이 화내는 모습이 모두에게는 낯설고 절대 일어나지 않는 일이기 때문이다.

이런 현상은 잘못된 '신념' '환상'과 관련이 있다. 앞서 언급한 '모든 것을 희생해서라도 평화를 지켜야 돼'라는 것과 같은 것이다. 어떤 이유로 이 사고는 이 사람들의 마음속에 언제부터인가 깊숙이 자리 잡혀 있다. 이 생각이 너무 완고하게 자리 잡고 있다면 이 사람들은 절대 평화를 깨뜨릴 수 있는 어떤 일도 하지 않을 것이다. 분노는 그 평화를 위협하는 아주 위험한 것으로 간주될 것이다. 그런 위험으로부터 자신과 주변을 보호하기 위해 그들은 최선을 다할 것이다. 언제나 좋은 것만 보여주려 하고 갈등을 일으키는 상황을 만들지 않기 위해 노력한다. 친구, 가족을 포함해서 모두를 행복하게 하려고 한다. 거기에 본인이 포함되는 것은 말할 것도 없다. 이런 사람들이 화를 낸다는 것은 상상하기 쉽지 않다.

이런 관계에 익숙한 가족이라고 생각해 보자. 이런 분위기에서 어떤 가족도 부정적인 이야기나 감정을 다루는 것이 쉽지 않을 수 있다. 그런 일들을 가족은 허락하지 않았을 것이 분명하다. 장애를 가진 가족이 있다는 것은 모두에게 쉽지 않은 일이다. 집안에 장애가 있다는 것이 어떤 가족에게는 '수치스럽게' 받아들여진다. 그들에게 이것은 숨기고 싶은 비밀이 된다. 그래서 상당한 기간 이웃에 사는 사람들도 모를 수 있다. 집안에 있는 방 한 곳에 장애를 가진 아이가 머물렀다. 분명히 그곳에 있는데 어느 누구도 그 방과 아이에 대해서는 이야기 하지 않는다. 외부 손님이 왔을 때는 더욱 그렇다. 아이는 나올 수도 없고 아무도 없는 것처럼 아무 소리도 내지 않는다. 그 방은 있지만 아무도 볼 수 없는 '비밀의 방' 같은 것이 된다.

가족 안에 허락되지 않은 감정도 이와 같다. 장애아를 숨기고 마치 없는 것처럼 비밀의 방에 가두고 산다. 비슷한 일들을 공인으로 '공적인 활동'을 하는 사람, 감정노동자들은 흔히 경험한다. 자신의 진짜 감정을 숨기고 살도록 요구받는 사람들. 이들에게 필요한 것은 자신의 '진짜 감정'이 무엇인지 알고 인정하는 것이다. 분노는 더 그렇다. 그렇지 않으면 이 감정들은 내부로부터 이들을 파괴할 것이 분명하다. 이런 감정들을 누르느라 다른 곳에 사용해야 할 에너지를 낭비하게 되기 때문이다.

이렇게 자기감정을 인정하고 받아들이는 과정을 '감정의 객관화'라고 한다. 이 과정은 자기의 감정을 따로 분리해 바라보는 작업이다. 이것은 분노와 같은 폭발성이 강한 감정을 다루는데 유용한 방법이다. 분노하게 되면 그 감정에 휩싸여 함몰

돼 버릴 수 있기 때문이다. 감정의 객관화 작업은 화가 난 나를 마치 그 옆에서 바라보는 또 다른 나처럼 대하고 말을 거는 것으로 시작한다. 단순히 감정을 인정해 주는 문장으로 아래와 같이 시작한다.

"지수야. 너 화났구나!"

이렇게 나에게 말하고 잠시 기다린다. 단순한 서술형의 문장은 짧지만 분노를 가라앉히는데 효과적이다. 자신의 감정을 인정해 주기 때문이다. 아무도 알아봐주지 않고 들어주지 않던 그 감정을 '내가 다른 사람이 되어' 인정하고 받아주는 작업이다. 분노가 가라 앉지 않으면 이 서술형의 문장을 반복해서 말해준다. 그리고 감정이 서서히 가라앉으면 다음 단계로 넘어간다.

(3) 원인찾기-A(Analyzing)

다음 작업의 단계는 화가 난 이유가 뭔지 그 원인을 찾아보는 과정이다. 이 과정은 앞서 언급한 '감정의 객관화' 과정을 거친다. 스스로에게 이렇게 묻는다.

"지수야, 네가 화가 많이 났구나!"

'왜 이렇게 화가 났을까? 뭐가 지수를 이렇게 화가 나게 만

들었을까? 이유가 뭐지?'

이렇게 묻는 감정의 객관화 과정을 통해 분노의 이유에 대해서 '원인찾기' 작업을 시작한다. 앞서 몇 가지 분노의 원인에 대해서 생각해 보았다. 왜 화가 나는지 말이다. 크게 다섯 가지 분노의 원인을 이야기 했다. 이 다섯 가지를 다시 큰 두 가지 '사회적 원인'과 '개인적 원인'으로 나눌 수 있다.

사회적 원인 같은 것은 개인이 속한 큰 조직, 단체 안에서 겪게 되는 일들이 분노의 원인이다. 심지어 그것은 국가적 차원에서 이해해야 될 때도 있다. 조직, 단체 안에서 겪게 되는 일들은 한 개인이 어떻게 할 수 없는 상황을 말한다. 흔히, 직장 상사와 겪게 되는 일들로 분노하는 경우다. 특별한 예를 앞에서 이미 언급했다. 이런 경우를 좀 더 크게 보면, 국가의 경기가 좋지 않아서 회사를 그만둬야 하는 상황도 생각해 볼 수 있다. 우리나라가 경험했던 IMF 사태 같은 경우다. 이때 수많은 사람들이 아무 이유도 없이 평생을 헌신했던 회사로부터 해고 통지를 받았다. 갑자기 회사를 떠나야만 하는 상황을 마주하게 된 것이다.

이런 경우 혼란, 두려움, 배신감, 좌절감 등등, 이루 헤아릴 수 없는 복잡한 감정들을 느끼게 된다. 분노도 그 중에 하나가 될 수 있다. 환경을 바꾸기 위해 개인이 선택할 수 있는 방법들이 많지 않다. 분노의 직접적 원인이 되는 것은 대량 해고를 맞게 된 국가적 상황이기 때문이다. 분노를 해결하려면 국가가 다시 잘 살면 된다. 하지만 그것이 당장 해결될 가능성이 희박하다. 나를 화나게 한다고 직장상사를 내보내거나 같이 맞받아칠 수는 없다. 그렇게 되면 직장 상사가 아니라 본인이 회사를 떠날 가능성이 더 많기 때문이다. 능력 많은 사람들은 그렇게 하고 회사를 떠나겠지만, 평범한 사람들에게는 쉽지 않은 이야기다. 국가적 부도 상황에서 갑작스러운 해고도 마찬가지다. 개인이 해결할 수 있는 범위를 넘어선다. 이런 경우들은 개인이 선택할 수 있는 방법들이 극히 제한된 '사회적 분노의 원인'이라고 할 수 있다.

단정적으로 말하기가 쉽지는 않지만 다섯 가지 분노의 원인 중에 "좌절의 경험" 같은 것들이 여기에 해당할 수 있다. 이 경우는 앞서 이야기한 직장생활에서 겪는 부당한 대우나 실직 같은 상황이 될 수 있다. 또 많은 사회적 원인들 예를 들어, 계층간의 불평등이나 사회적 소외를 경험한 집단들의 이야기도 여기에 속할 수 있다. 충족되지 못한 기대나 무시의 감정도 일정 부분 사회적 원인과 연관이 있다. 요점은 사회적 원인이 분노의 출발이 되면 그것은 단기적으로 또는 즉각적인 해결책이 쉽지 않다는 의미다. 개인적인 노력만으로는 한계가 있기 때문이다.

한편 개인적 원인들은 사회적 원인과 달리 사적인 영역을 의미한다. 환경 안에서 개인적으로 관계하는 것들이 분노의 직접적 원인이다. 사회적 원인들과는 다르게 개인 주변적인 것들이기 때문에 분노 해결은 본인의 노력여하에 따라 달려 있다고 할 수 있다. 분노의 원인이 사회적 이유라면 조직 전체를 바꿔야 하는 일들이 발생할 수 있다. 이것은 한 개인이 해결하기에는 너무 벅찬 일이다. 따라서 '원인찾기' 단계에서는 화의 진원지가 사회적인 것인지 개인적인 것인지를 파악하는 것이 중요하다. 그것이 자기 혼자 힘으로 해결이 가능한지 그렇지 않은지를 가늠하기 위해서다.

이 과정에서 기억해야 할 것이 있다. 그것은, '정보의 객관화를 확보하는 것'이다.

정보의 객관화를 확보한다는 것은 지금 분노가 과연 합리적인 근거를 가지고 있는지 그 증거를 찾는 것이다. 따라서 이것은 일종의 '증거찾기'가 될 수 있다. 내가 화난 이유가 과연 정당한지 보는 것이다. 객관화를 유지해야 한다고 말하는 이유가 있다. 정보 수집에서 이 '객관화'가 쉽지 않기 때문이다. 우리가 화가 나면 흔히 하는 실수다. 화난 사람은 우선 자기 분노가 정당하다고 믿는다. 다는 아니겠지만 대부분 분노하는 사람들은 사건의 근본적 원인은 자기가 아니라고 생각한다. 외부 대상이나 사회적 어떤 시스템이 자신들을 그렇게 만들었다고 생각하기 쉽다. 그리고 아주 빠르고, 단순하게 그 원인을 찾아내고 그대로 믿는다. 거기서 끝이 아니다. 자기가 찾아낸 원인을 정당화 하려고 계속해서 논리적으로 그 이유를 발전시켜 나간다. 자기가 믿는 사실과 반대되는 것들은 고려되지 않는다. 그냥 '단순-무식해'지는 과정이다. 아무것도 듣지 않고 보지 않으려고 한다. 엄청난 상상력과 예지력을 가지고 자기가 듣고 보려는 것만을 듣고 본다. 이렇게 되면 분노는 시간이 지날수록 점점 더 커지고 농도가 짙어진다. 갈수록 살이 붙기 때문이다. 자기를 화나게 한 사람이나 그 대상을 생각하면서 화를 키워나간다. 이때 큰 역할을 하는 것이 '공상'이다. 이 공상은 현재 일어난 일을 과거와 연결시키고 자기분노를 정당화 하는 중요한 역할을 한다. 이 과정을 살펴보면,

- *현재의 사건*

: 같이 나가기로 해 놓고 오지 않는 남편. 그런 남편을 오늘도 기다리는 나

- *과거의 일들*

: 내가 아픈데 연락도 없이 아무 일 없다는 듯이 취해서 들어온 사람; 나 아플 땐 눈 하나 깜짝 않더니 자기 아플 땐 온갖 약 다 찾아 먹던 사람; 자기 먹고 싶은 것만 먹는 돼지 같은 사람; 남 얘기는 절대 듣지 않고 자기 할 말만 하는 꽉 막힌 외통수, 등등(과거의 사건들).

- *자기분노의 정당화*

'내가 화가 나는 게 당연해. 왜냐하면'

- 그 사람은 언제나 자기만 생각하는 이기적인 사람이야. 참을 만큼 참았어. 옛날 일 생각해 보면 가능성이 전혀 없는 놈이

야. 참는 것도 한계가 있어.

이처럼 공상의 순서를 거치면서 상황은 더 심각해지고 복잡해진다. 따라서 이 공상은 일종의 '뻥튀기 과정'이다. 이 뻥튀기 과정이 심해지면 사건이 전혀 다른 모양으로 발전하게 된다. 나중에 화를 내다보면 분노하게 된 이유보다 다른 것 때문에 싸우고 있는 자신을 발견하기 때문이다. 싸울 때 화가 난 그 이유만 가지고 이야기해야 하는데 정작 그 이유는 간데없이 된다.

평소에 아내의 씀씀이가 헤프다고 생각하는 남편이 있었다. 그러던 어느 날 우연히 아내가 신용카드를 자기 몰래 발급받아 사용한 것을 알게 되었다. 금액도 만만치 않아서 무시하고 넘어갈 수 없었다. 아침부터 큰 소리를 내기 뭐해서 퇴근하고 얘기하려고 그냥 출근했다. 그런데 회사에 있는 동안 이 '공상'에 사로잡혔다. 뻥튀기 과정이 시작된 것이다.

- *현재의 사건*

: '남편 몰래 카드를 발급받아 쓴 아내'

- *과거의 일들*

'얼마 전에도 말도 없이 할부로 그 비싼 냉장고를 들여놓았지'

'나한테는 돈 아끼라고 하면서 자기한테는 펑펑'

'우리 엄마 생신 제대로 챙긴 적이나 있어. 달랑 얼마 주면서 자기 엄마한테는 별걸 다 사서 갖다 바치고'

'결혼하기 전에 알아봤어야 하는데, 그때도 나한테 말하지 않고 숨긴 빚이 얼마야. 그거 갚느라고 얼마나 고생했는데'

- *자기분노의 정당화*

'내가 화가 나는 게 당연해.'

'아니 내가 화내는 게 잘못한 거야?'

'어떤 사람이 이런 상황에서 화가 안나?', '돈 몰래 쓰고 거짓말이나 하고, 그런데 미안하다는 말도 없이'

'매달 집세, 보험료, 적금 나가는 돈이 얼마나 많은데'

'이렇게 써 대서 언제 저축하고 집 장만하나! 나만 아등바등, 이게 뭐야'

'내가 얼마나 고생하는데 내 맘을 알기나 하나'

'한두 번도 아니고 아예 내 말을 듣지를 않는 군. 나를 무시하는 거야!!!'

사건의 발단은 남편 몰래 신용카드를 발급 받아 쓰다 또 빚을 진 아내 때문에 시작됐다. 문제 해결을 위해서는 카드를 발급한 현재 아내의 일에만 집중했어야 했다. 그런데 상황은 그 일을 발견한 남편이 공상을 하면서 커지기 시작한다. 아마도 비슷한 일들이 과거에도 있었던 것 같다. 상황은 부풀려지고 현재 문제에만 집중하지 못하게 된다. 현재 문제는 몰래 발급 받은 카드와 새로운 빚인데 남편은 과거의 일까지 끄집어내서 아내를 공격한다. 미안한 생각을 가지고 있던 아내는 남편이 지금 일과는 관련이 없는 지난 일까지 끄집어내자 분노하고 만다. 아내의 이런 분노는 남편을 더 자극하고 상황은 걷잡을 수 없는 지경까지 나간다.

공상의 뻥튀기 과정에 빠지면 사실을 객관적으로 인식할 수 없게 된다. 좋은 면과 긍정적인 면보다 나를 화나게 한 대상의 잘못된 부분만 보이기 때문이다. 이 과정은 분노를 더 증폭시키고 문제를 크게 만들어 버린다. 객관적 자료 수집을 위해 가급적 공상의 뻥튀기 과정을 멈추어야 한다. 사건을 통해 떠오르는 여러 가지 일들을 더 이상 생각하지 않으려고 해야 한다. 객관적 자료 수집을 통한 원인찾기의 최대 적은 공상을 통한 뻥튀기다.

직장 상사 때문에 힘들어 했다는 앞서 예를 다시 한 번 보자. 그는 직장상사가 자기를 부당하게 대우한다고 믿고 화가 나 있다. 원인찾기 과정을 통해 자기를 분노하게 한 직장 상사의 행동에 대한 정보를 객관적으로 수집한다. 이때 자세는 마치 수

사관이 사건 정보를 모으듯이 해야 한다. '다른 직원들은 어떻게 대하는지', '나한테만 과연 그러는지', '상사의 과거와 현재는 어떻게 다른지', '혹시 자신을 칭찬한 적이 있는지', '있다면 그때는 언제인지' 등등. 이런 질문에 대답할 객관적 자료를 모으도록 한다. 중요한 것은 결론에 이르기까지 분노의 감정을 최대한 자제하도록 한다. 공상에 빠져서 편향적으로 정보를 수집해서도 안 된다. 제삼자가 된 수사관처럼 철저하게 객관적인 자료수집을 해야 한다. 이 과정이 잘만 이루어지면 다음 단계인 '해결하기'까지 가지 않아도 될지 모른다. 아마도 당신은 상당부분 자신의 분노가 정당하지 않다는 것을 발견할 수 있기 때문이다. 더 나아가 비슷한 사건들을 다루는 기술을 습득하게 될 것이다.

(4) 해결하기–S(Solving)

마지막으로 분노 해결하기이다. 여기에는 세 가지 가지 방법이 있다. 이것들은 '분석적 자기 질문(Analytic Self-Question)', '대화(A Sincere Conversation)' 마지막으로 '분출(An Outburst of Emotion)'이다. 분석적 자기 질문은 앞부분에서 언급했던 자기 분노의 심층적 영역을 탐구해 가는 과정이다. 이것은 '자기중심의 무의식적 경험'과 관련이 있다. 개인적 분노가 '자기중심의 무의식적 경험' 어딘가에 있는 누군가와 문제 때문에 발생할 수 있다. 그러면 지금 나의 분노는 그 문제들이 전이되어 반복되는 결과일 수 있다. 분석적 자기 질문은 이런 영역을 탐구해

가는 과정이다. 두 번째 방법인 대화는 사건의 원인이 되는 당사자와 문제를 해결하기 위한 직접적 시도라고 할 수 있다. 분석 과정을 통해 자기 문제에 대한 통찰이 일어났다고 해도 외부 대상과의 관계는 여전히 남는다. 이것이 원만히 해결되지 않는다면 갈등의 불씨는 여전히 존재하게 된다. 자기 분석을 통해 성장이 일어났다면 대화는 이 성장을 시험해 볼 수 있는 좋은 기회다. 마지막으로 분출은 그 대상이 부재해서 해결할 수 없거나, 또는 너무 큰 상대의 경우, 예를 들어 직장 상사나 사회적 원인일 때, 다른 대상을 대안으로 분노를 해소하는 간접적 방법들을 말한다.

▶ 해결하기의 첫 번째 방법-분석적 자기 질문

분석적 자기 질문 과정은 분노의 원인을 알기 위해 자기 스스로 계속된 질문을 던지고 대답해 가는 과정이다. 스스로에게 질문을 던지고 계속해서 그 질문을 이어가야 한다. 그리고 그 질문에 대한 대답을 찾아내도록 노력한다. 이 방법을 통해 자신의 진짜 분노 원인을 찾아낼 수 있다. 이 분노가 오래된 과거의 어떤 일에 연관이 되어 있다는 전제에서 하는 말이다. 그러면 자신의 분노를 이해할 수 있는 깊은 통찰을 얻게 된다. 그 첫 번째는 스스로에게 다음과 같은 질문을 던지면서 시작한다.

'내가 이렇게 화가 나는 진짜 이유가 뭐야?'

이렇게 묻는 것은 앞서 언급한 자기 분노에 대한 '감정의 객관화' 작업의 연장선이라고 이해할 수 있다. 이 질문이 효과적이면 분노가 사회적 원인인지 아니면 개인적인 것에 근거한 것인지 조금 분명해진다. 감정의 객관화 과정을 거쳐서 스스로 묻고 원인 찾기를 하다보면 문제에 대한 더 깊은 이해에 도달할 수 있을지 모른다. 앞선 부부의 예를 다시 한 번 생각해 보자. 신용카드를 몰래 발급받아 써버린 그 일이 사건의 시작과 원인이 된 분노지만 더 깊은 내용들이 숨어 있을 수 있다. 예를 들어, 남편은 다음과 같은 분석적 자기 질문의 과정을 거친다.

'내가 화난 진짜 이유가 뭐야?'

'신용카드 때문인가?'

'많이 쓰긴 했지만 못 갚을 정도는 아닌데'

'이렇게 화가 나는 진짜 이유가 뭐야?'

'나를 속이는 거...'

'그게 화가 나긴 하지만 못 참을 정도는 아닌데. 나도 가끔 집사람한테 거짓말 하니까..'

'그럼 뭐지?...'

'매번 같은 일이 벌어진다는 건데...'

'저번에 비슷한 일로 심하게 싸웠지. 근데 또 지금 이런 일이 일어난 거야. 내 말을 중요하게 듣지 않는다는 게 화가 나는 거 같아..'

'내 말을 듣지 않고 나를 무시하는 것 같은 그런 느낌.'

'아 무시당하는 것 같은 감정이 나를 이렇게 화나게 하는 좀 더 근본적인 이유인거 같은데...'

'그래 내가 무슨 말을 하면 내 말을 잘 안 듣는 아내의 태도가 나를 더 화나게 하는 것 같아'

'무시당한다는 느낌이 직장에서도 친구 관계에서도 나를 힘들게 하는 것 중에 하나야'

'이런 느낌을 주는 동창 녀석을 지금도 연락하지 않고 있지. 만나기로 해놓고 매번 늦는 친구 녀석. 계속 말해도 그때뿐이고 또 늦고. 한번은 모임 때문에 연락하기로 해서 기다리고 있는데 연락이 없어서 한참을 기다렸지. 먼저 연락을 하는지 보려고. 결국 내가 먼저 연락했지. 그 후론 그 친구한테 다시는 연락하지 않아. 기분이 되게 안 좋았거든'

'무시당한다는 느낌. 그 친구한테 기분 나빴던 게 이 느낌이었는데. 아내가 하는 행동에서도 비슷한 느낌을 받는 것 같아. 그래서 화가 더 나는 거고'

'그러면 무시당한다는 느낌은 어디서 오는 걸까? 왜 나는 특별히 이런 느낌이 들면 더 화가 나는 걸까?'

분석적 자기 질문을 통해 계속해서 물었다. 이 과정을 통해 사건의 진짜 원인을 발견하는 데까지 나아갔다. 아내의 무분별한 소비, 그리고 거짓말 등이 표면에 떠올랐다. 거기서 멈추지 않았다. 계속된 분석적 자기 질문과정을 통해 결국 아내가 주는 '무시당한다는 느낌'이 더 근본적이라는 것을 발견하게 되었다. 이것을 발견한 남편은 다른 관계로까지 확장해 나간다. 비슷한 느낌을 갖게 하는 친구와 문제. 그리고 그 친구와의 관계를 지금 아내와의 문제와 연결시켜서 생각하게 됐다. 아무리 말해도 자기 말을 귀 기울여 듣지 않는 아내. 그런 아내의 태도에 남편은 무시당한다는 감정을 가지고 있었다. 그 깊은 감정보다 표면적인 카드문제와 아내의 거짓말 때문에 화가 났다고 믿었다. 이 분석작업을 통해 '무시당하는 느낌'이 좀 더 근본적이라는 것을 찾아냈다. 그리고 거기서 멈추지 않았다. 그런 느낌들이 어디서 오게 된 것인지 다시 질문한다. 분석적 자기 질문과정은 이와 같다. 계속해서 묻고 답하다 보면 '무시당하는 느낌'을 갖게 한 그 사건을 찾아낼 것이다. 그러면 통찰이 일어나고 성장할 수 있다.

이 분석적 자기질문의 과정은 '심리적 분노'를 찾아가는 것이라고도 말할 수 있다. 이 작업은 앞서 언급한 '자기중심의 의식적 경험'과 '자기중심의 무의식적 경험'의 때로 돌아가 보는 것이다. 다른 말로 하면, '통찰치료'에서 말하는 개인문제의 핵심에 자리한 초기관계의 영향을 살펴보는 것이다. 이것은 '방어적 분노'를 일으키는 '진짜 분노'의 원인에 대한 부분이다. 성장에 있어 중요한 대상들과 가졌던 관계들이 그것이 좋든 나쁘든 우리 안에 하나의 독특한 방식으로 자리 잡게 된다. 초기 관계의 실패라는 것은 우리가 태어나서 나를 돌봐주던 아주 중요한 대상(주로 부모님들)과의 관계가 바람직하지 않았다는 것을 말한다. 어릴 적 중요한 대상들과의 관계가 긍정적이지 않았다면 이것들이 상처가 되어 우리는 우리 자신에 대한 부정적 이미지를 가지고 성장하게 된다(Kohut, 1971). 그리고 누구를 만나든지 이 관계방식을 반복하게 될 가능성이 많다.

가족 안에서 사랑과 지지, 격려를 받고 자랐다면 그런 관계를 기억하고 반복할 것이다. 반대도 가능하다. 학대를 받고 자란 아이는 자신과 타인을 이 관계 안에서 이해한다. 학대받는 나와 나를 학대하는 타인으로 바라보는 독특한 관계방식이다(Alaubaide, 2013; 김해영, 2018). 이것은 자기(Self)와 외부 대상(Object)의 독특한 이미지가 자리 잡게 되었다는 말이다. 애착이론에서 말하는 '내부작용모델(IWM-Internal Working Model)'이 발달하게 된다는 의미다(Kirkpatrick, 2005; Miner, 2009; Bartholomew; 1990; Bartholomew, Kim and Horowitz, 1991). 이 상태가 되면 만나는 사람마다 관계는 더욱더 악화된다(Bronheim,

1998). 학대하고 학대 받는 관계를 반복하려 할 것이 때문이다. 상대는 언제나 과거에 자기를 그렇게 학대했던 대상이 된다. 그리고 자기를 학대받는 위치에 두려한다. 이렇게 되면 외부 대상과 정상적인 관계를 갖는 것이 쉽지 않다. 신뢰를 쌓는 다는 것이 불가능하다. 누군가, 또는 무엇에게 이유 없이 분노하거나 그 범위가 예측 밖을 벗어나면 거기에는 이런 내용들이 작용한다고 할 수 있다. 자기중심의 무의식적 경험에 있는 무언가를 찾아내야 한다. 그때 이렇게 질문해야 한다.

'내가 이렇게 화가 나는 진짜 이유가 뭐야?'

이 질문은 정확하게 말하면 '나를 이해하는 작업'이다. 이것은 정신분석 과정에서 분석가가 내담자의 무의식적 행동을 해석하기 전, 그의 이야기를 집중해서 듣는 '몰입'의 과정과 같다(장-다비드 나지오/임말희 옮김, 2018). 완전하게 집중해서 나를 듣고 나를 이해하기 위한 작업이다. 쉽지 않다. 그러나 계속해서 묻고 찾고 집중해서 듣게 된다면 어느 순간 내가 가진 분노를 조금씩 이해할 수 있게 된다. 분석적 자기질문의 과정은 이런 일들이 일어날 수 있도록 한다. 시간과 노력이 필요하다. 그러나 노력한 만큼 그것을 통해 얻게 되는 결과는 굉장하다.

▶ 해결하기의 두 번째 방법-대화

(1) 효과적 대화를 위한 조건과 원리-펩스(PEBS)와 에스프나(ASFNA)

여기서는 분노를 풀기 위한 두 번째 방법인 대화를 다루어 보려고 한다. 분석적 자기 질문은 개인 안에 존재하는 분노의 심층적 원인을 발견해 내고 성장을 위해 꼭 필요한 작업이다. 이것이 내 개인적 영역이라면 다음은 분노와 관련된 상대방과의 작업과정을 거쳐야 한다. 그 분노의 원인이 만일 다른 대상을 포함하고 있거나 관계에 부정적 결과를 가져왔다면 이 과정은 필수적이다. 그 외부 대상과의 분노를 해결하는 방법 중에 하나가 대화다. 분석적 자기 질문을 통해 분노를 이해하게 되면, 우리는 이것이 나와 상대를 얼마나 힘들게 했는지 발견할 수 있다. 지금 나와 마주하고 있는 상대는 어쩌면 내 깊은 분노를 온 몸으로 다 받아주고 있는 대상일 수 있다. 그는 당신의 분노에 당황하고, 상처입고 그리고 화가 나 있을 수 있다. 아마도 그 분노 때문에 서로 오해하고 무력감에 어떤 시도도 가능성이 없다고 느끼고 있을지 모른다.

분석적 자기 질문을 통해 진짜분노의 원인을 이해했다고 해도 아직 완전한 것은 아니다. 준비 없이 무작정 대화를 시도했다가 상황만 더 악화시킬 수 있다. 상대는 아직 당신을 옛날 그 모습 그대로 기억하고 있을 수 있기 때문이다. 여기서 다루게 될 대화의 조건과 원리들은 과거 분노에 휩싸이지 않고 서로간의 관계 회복을 위해 필수적인 것들이다. 이것들이 익숙하게 훈련되면 당신은 '분노의 흐름'을 파악할 수 있다. 당신의 분노가 어디서 시작이 되고 어디로 향하고 있으며 그리고 어떤 영향을 미치는지 '그림'처럼 보여지는 현상이다. 더 긍정적인 것은 상대방의 분노를 이해할 수 있게 된다. 반대편에 마주한 그도 당신과 비슷한 분노를 경험하고 있기 때문이다. 그도 당신에게 그런 분노를 던지고 받으며 그 속에서 괴로워 할 수 있다. 아마 당신은 자신의 분노뿐 아니라 상대편의 분노도 해결해 줄 수 있게 될지 모른다. 이 조건들과 원리들을 익숙하게 훈련해서 사용하면 가능한 일들이다.

이 책에서 말하는 대화의 조건으로 '펩스' 대화의 원리인 '에스프나'가 있다. 먼저 펩스는 신체적 조건(Physical), 정서적 조건(Emotional), 생리적 조건(Biological), 일정조건(Schedule)의 맨 앞 영어 약자를 조합한 단어다.

(2) 대화의 네 가지 조건-펩스(PEBS)

• 신체적인 조건(Physical)

이 신체적 조건은 몸이 피곤하지 않은 상태에서 대화를 해야 한다는 의미다. 상대나 내가 서로 몸이 피곤한 상태가 되면 아무리 대화에 집중하려고 해도 힘들다. 진지한 대화는 엄청난 에너지를 소비하는 작업이다. 단 5분간 누군가의 말에 집중해서 듣는 것도 쉬운 일이 아니다. 듣기만 한다고 해서 대화가 되는 것은 아니다. 진지한 대화는 단순히 귀로만 듣는 작업이 아니기 때문이다. 눈을 마주치고 몸을 말하는 사람을 향해 두고 집중하고 있다는 것을 보여주어야 한다. 또한 대화 중 수시로 떠오르는 나의 개인적인 잡념과 생각을 쫓아내기 위해 싸워야 한다. 이런 일들이 집중적으로 진행되는 것이 대화이다. 이렇게 대화를 한다고 하면 비록 짧은 시간에도 엄청난 에너지가 소비된다. 그래서 서로간의 진실이 나누어지는 대화, 특별히 어떤 갈등 상황을 해결하기 위한 대화라면 몸 상태를 잘 유지하고 있어야 한다. 이 말은 대화를 시도하는 본인도 마찬가지고 상대편에게도 똑같이 적응된다. 내가 대화를 청한 사람이라면 최소한 상대방이 피곤하지 않은지를 잘 살펴서 대화의 기회를 잡아야 한다.

- 정서적 조건(Emotional)

이 조건은 감정 정리 후 대화를 시작하라는 의미다. 감정이 격해질 때 이성적인 대화를 한다는 것이 사실 쉽지 않다. 분노의 감정은 특히나 그렇다. 특별히 분노의 감정이 일회적 사건으로 일어난 일이 아니고 오랜 관계에서 비롯된 것이면 더 그렇다. 분노가 폭발하면 전·후를 따져 일처리 하기 어렵다. 우리는 화가 나면 그 감정을 가지고 있는 것이 불편해서 그 원인이 되는 일들을 빨리 정리하고 싶어 한다. 결국 화가 잔뜩 나 있는 상태에서 대화를 시도하지만 그럴수록 분노만 더 자극하는 결과를 가져올 뿐이다. 화가 날수록 급한 대화는 자제해야 한다. 일단 화가 났으면 감정을 정리할 시간을 갖는 것이 필요하다. 어느 정도 감정이 가라 앉은 후 대화를 시작해야 한다. 정서적 조건은 그런 의미다. 분노의 감정을 어느 정도 덜어내고 차분한 감정을 유지한 상태에서 대화해야 한다.

• 생리적 조건(Biological)

이 조건은 상대방과 나와의 생리적 차이를 염두에 두어야 한다는 말이다. 각 사람은 집중이 잘 되는 시간과 때가 있다. 예를 들어, 새벽형의 사람과 초저녁형의 사람의 경우다. 새벽형은 아침이 오히려 집중이 잘되고 활동적이다. 반대로 초저녁형은 새벽형과 달리 초저녁 시간이 한층 편하고 활동적일 수 있다. 다른 생리적 시간을 가진 부부가 산다면 이 점을 잘 고려해 한다. 새벽형의 남편과 사는 아내가 초저녁형이라면 둘이 오붓하게 대화의 시간을 갖는 게 쉽지 않을 수 있다. 무언가 심각한 내용을 잔뜩 가지고 기다린 아내가 이야기를 시작하려고 할 때 남편은 벌써 잠들어 있거나 피곤해서 이야기에 집중하지 못할 수 있다. 이럴 때 상대를 고려해서 좀 더 활동적인 시간에 대화를 하려고 노력해야 한다.

• 일정조건(Schedule)

일정조건은 대화를 위해 상대방이 가능한 시간을 고려해야 한다는 의미다. 분노는 절대 편한 감정이 아니다. 누구든 빨리 해결하고 싶어 한다. 가지고 있어봐야 힘들기 때문이다. 그래서 성급하게 상대편을 다그치게 된다. 그 사람의 개인적인 시간을 고려하지 않고 말이다. 그런 상황에서 대화를 해봐야 소용없다. 상대는 빨리 끝내기 위해서 대충 말해버릴 것이 뻔하다. 사과를 받아낸다고 해도 진정성이 담긴 것이라고 믿기 어렵다. 문제가 해결되는 진정한 대화를 원하면 상대편이 편하게 대화할 수 있는 시간을 찾아야 한다. 출근하기 바쁜 남편을 몰아세워서 대화할 수 없기 때문이다. 개인적인 시간이 어떻게 되는지 그리고 본인은 어떤 시간들이 편한지를 고려해야 한다. 두 사람이 편하게 앉아서 이야기해도 시간에 쫓길 염려 없는 그런 시간대를 찾는 것, 이것이 일정조건이다.

(3) 대화의 다섯 가지 원리-에스프나(ASFNA)

이 원리들은 효과적인 대화를 위해 기억해야 할 것들이다. 앞선 첫 번째 조건들이 대화를 시작하기 전의 효과적인 환경조성을 위한 것이라면 이것은 대화의 긍정적 결론을 이끌어 내기 위한 것들이다. 좋은 분위기를 만들었다고 해도 그 대화가 서로 원하는 것들을 얻지 못했다면 의미가 없다. 갈등이 심할수록 대화한다는 것은 더 힘들어진다. 대화를 시작해봐야 그 결과가 예측되기 때문이다. 서로 자기 이야기만 하다 끝나거나 결국 '내가 왜 이렇게 쓸데없이 시간을 낭비하고 있나'라는 생각만 갖게 될 것이다. 최소한 그런 결과를 피하기 위해 '에스프나' 원리를 기억할 필요가 있다. 여기에 근거한 대화를 시작한다면 적어도 뭔가 달라졌다는 느낌을 줄 수 있다. 이 방법들을 통해 '이번에는 뭔가 틀리네'라는 느낌 정도만 줄 수 있어도 성공이다. 그러면 다음부터는 좀 더 쉽게 대화할 수 있다.

- 사과로 시작하기(Apology)

대화를 시작할 때 어쩌면 가장 중요한 것이 사과하는 것이다. 분노한 사람에게 이것은 정말 쉽지 않은 일이다. 자기 분노가 항상 정당해 보이기 때문이다. 그리고 그렇게 보인다. 사과한다는 것은 뭔가 잘못을 인정하는 것이 된다. 자존심이 상하는 일이다. 무력해지는 감정도 들게 한다. 그래서 쉽지 않다. 그러나 일단 사과를 하고 나면 놀라운 경험을 하게 된다. 분노하면서 갖게 된 증오와 같은 감정들이 훨씬 줄어든다. 어떤 경우는 상대편이 안쓰럽게도 보이고 이해할 수 있을 것 같은 감정도 든다. 더 중요한 것은 무언가 마음속에 큰 짐이 떨어져 가는 느낌을 가질 수 있다. 상대방에 대한 증오로 촉발된 분노는 엄청난 에너지를 소비한다. 그것 때문에 다른 감정을 느낄 수 없을 정도로 말이다. 일단 사과를 하게 되면 증오 때문에 소비된 에너지가 상당부분 감소되는 것을 즉각적으로 느낄 수 있다. 사과를 해야겠다는 생각만으로도 이런 경험이 가능하다. 그렇게 되면 몸 안에 좀 더 긍정적인 감정들이 퍼져나간다. 이 에너지가 다음 단계로 나갈 수 있는 힘이 된다.

이 효과는 사과의 말을 한 대상에게만 일어나는 일이 아니다. 사과를 받은 상대편에게도 똑같이 작용한다. 대화를 시작하려는 당신의 시도가 상대편을 긴장시킬 수 있다. 항상 대화를 시작하고 결과는 비슷했기 때문이다. 자기주장이나 입장만 변호하다 분위기만 험악해지고 결국 다시 분노하고 끝나는 패턴으로 말이다. 대화를 시작하자는 당신의 말에 상대방은 이번엔 어떻게 공격에 대비할지 준비할 수 있다. 그러나 당신의 사과는 상대편의 이런 시도를 무장 해제시키게 될 것이다. 사과는 익숙한 패턴을 더 이상 반복하지 않겠다는 선언과 같다. 이런 선언을 들으면 상대편으로써는 당황스럽다. 이런 식의 공격에 대해 상대편은 준비가 되어 있지 않다. 따라서 사과가 당신의 잘못을 시인하는 행위라고 불편해 할 필요가 없다. 오히려 이것은 당신뿐 아니라 상대방의 마음을 여는 중요한 한방이다.

• 진심어린 태도(Sincere Attitude)

대화가 효과적이 되기 위해서는 자세도 중요하다. 진지한 자세, 즉 진심이 느껴지는 대화를 말한다. 대화는 단순히 상대편의 이야기를 듣는 것이 아니다. 그것은 서로가 서로에게 이해되어지는 과정이다. 그러나 복잡한 감정들은 이 과정을 왜곡시킨다. 분노의 감정은 특히 그렇다. 분노는 갈등의 관계를 풀 수 있는 길은 이제 더 이상 가능하지 않다고 말하는 것과 같다. 그렇기 때문에 협상은 없고 선언적이고 판단적이며 일방적이다. 분노가 가진 잔인하고 파괴적인 면이다. 대화는 그렇지 않다. 아직 남아 있는 가능성에 대한 기대고 다른 대안이 있다는 믿음이다. 대화는 선언하지 않고 들으려 하고 판단하지 않으며 둘의 공통점을 찾으려 한다. 대화가 이렇다는 것을 진실로 믿으면 나에게서 그것이 드러난다. 그리고 상대방도 그것을 알아

차리게 된다. 대화할 때 눈은 상대방을 향하고 상대의 조그만 말에도 민감하게 반응하고 몸은 대상을 향하게 한다. 이렇게 되면 '나는 너를 공격하려는 게 아니다. 나는 진실로 너의 이야기를 듣고 내 진심을 전하고 싶다'라는 메시지가 전달된다. 이게 바로 대화의 진심어린 태도다. 분노하고 격정적인 화의 감정에 붙잡히면 절대로 나올 수 없는 자세다. 이것은 분노의 감정이 주는 독으로부터 서로를 위해 꼭 필요한 자세다. 무엇보다 자신이 분노의 감정으로부터 압도되지 않기 위해 연습해야 한다.

• 현재 문제에 집중(Focus on Current Topics)

내가 분노한 바로 그 직접적인 이유에 집중하라는 이야기다. 앞서 기술한 것처럼 일단 화가 나면 공상의 뻥튀기 과정을 거친다고 말했다. 이 과정을 통해 분노를 일으킨 그 직접적인 원인보다 다른 곁가지 일들까지 겹쳐진다고 말했다. 이것은 자신의 분노를 정당화 시키는 과정에서 일어나는 자연스러운 일이다. 이런 일들을 방지하기 위해서 냉정하게 분노의 직접적인 원인에 대해서 생각해야 한다. 그리고 직접적인 원인을 찾았으면 그 문제에만 집중해야 한다. 그래야 또 다른 갈등을 막을 수 있다. 직접적 원인 외에 또 다른 것들을 가져 온다면 결국 '네가 잘했네. 내가 잘했네'하는 시소게임이 되고 만다. 한 사람은 공격하고 한 사람은 방어하는 소모전이 시작된다는 의미다. 공상의 뻥튀기 과정을 통한 또 다른 공격은 결국 자기 분노의 정당화 작업이기 때문이다. 이 뻥튀기 과정은 과거의 비슷한 상황을 끌어오는 것이다. 옛날에도 비슷한 상황이 있었는데 지금의 일도 그때와 똑같다고 말한다. 반복되는 그 일이 오늘 상황을 이 지경까지 만들었다는 이야기가 계속된다. 대화가 이렇게 진행되면 긍정적인 결과는 기대하기 힘들다. 상대편도 자기 방어를 시작하기 때문이다. 결국 한 사람은 공격하고 한 사람은 방어하는 지겨운 그 방식을 되풀이 하게 된다. 이 고리를 끊어야 한다. 그러기 위해서는 반드시 지금 일어난 그 일, 나를 화나게 한 그 직전의 일에 집중해라.

• 인신공격은 절대 금물(No Assault on Personality)

이것은 앞선 원리와 관련이 있다. 이것은 분노의 문제를 풀기 위해 그 대상과 앉았다면 절대 하지 말아야 할 일중에 하나다. 인신공격은 쉽게 말하면, '너는 도대체 가능성이 없다. 그렇게 타고 난거 같다'라고 말해 버리는 것과 같다. 일단 이렇게 분노를 풀어내 버리면 더 이상 나갈 수 없다. 앞으로 나아질 가능성이 없다고 선포해 버린 것과 같기 때문이다. 그 사람이 원래 그렇게 타고 났는데 뭘 더 바라겠는가? 이렇게 말해 버리면 속은 좀 시원하겠지만 결국 아무것도 나아지지 않는다. 상황만 악화시킬 뿐이다. 상대는 이런 말을 듣게 되면 폭발해 버릴 것이다. 그러면 전면전이 된다. 이런 상황까지 가지 않도록 조심해야 한다. 인신공격을 하지 않는 방법은 '상황에 대한 이해'를 하는 것이다. 흔히 말하는 그 사람과 그 일을 분리해서 생각해야 한다는 뜻이다. 그 사람이 그 일을 할 수 밖에 없는 상황에 대한 이해를 말한다. 이것은 그 사람이 천성적으로 타고난 기질의 문제가 아니라 상황이 그렇게 몰고 간 결과를 이해하려고 노력해 보는 것이다. 그 사람이 처해 있는 상황을 이해하려 하고 그렇게 된다면 분위기는 훨씬 달라진다. '나도 그럴 수 있다'는 이해의 폭이 생기기 때문이다.

• 두 사람이 받아들일 만한 결론(Acceptable Conclusion)

분노 해결을 위해 서로 납득할 만한 해결책을 이야기 하고 같이 노력하는 것을 의미한다. 내가 분노한 이유가 어떤 특정한 대상과 관계된 것이라면 그리고 그것 때문에 화가 난 것이라면 이 부분을 꼭 염두에 두어야 한다. 나를 화나게 한 대상에게 분노를 쏟아 내는 건 결국 또 다른 부정적 결과를 가져오기 때문이다. 자신의 분노를 풀기 위해 다른 대상을 자극하는 건 좋은 해결 방법은 아니다. 만약 앞선 과정을 잘 진행했다면 분노는 상당부분 사라졌을 거라고 믿는다. 그래도 이 마지막 단계를 잘 진행하는 것이 중요하다. 혹시 있을지도 모르는 오해를 불식시킬 필요가 있기 때문이다. 이 과정을 통해 서로 받아들일 만한 결론에 도달하지 못하면 그 후 비슷한 일이 일어났을 때 이 일은 불쏘시개 역할을 할 게 자명하다. 이 과정에서 명심할 것은 '나도 내 분노에 일정부분 원인이다'라는 것과 '다 가지려고 해서는 안 된다'이다. 일단 화가 나면 모든 원인을 외부에서 찾으려고 한다. 그게 편하기 때문이다. 그러나 항상 그런 건 아니다. 앞선 분노의 이유들에서 드러난 것처럼 여러 가지 것들이 복합적으로 작용할 수 있다. 또 그렇게 화낼 것도 아닌데 내가 필요이상으로 분노할 수 있다. 내 개인적 감정들이 그곳에 개입하거나 사건을 해석하는 내 시각이 왜곡되어 있기 때문이다. 이렇게 생각하면 협상에 필수적인 양보에 대해서 생각해 볼 수 있다. '네가 잘못했으니까 너만 변하면 돼'라고 말하지 않게 된다. '나도 이만큼 할 테니까 너도 이만큼 노력해줘'라고 이야기해야 한다. 상대가 그렇게 이야기 하면 자신도 받아들일 준비를 해야 한다. 즉, 분노 해결을 위해 같이 일해야 할 중간지점을 찾는 것이 중요하다.

▶ 해결하기의 세 번째 방법-분출(venting)

분노해결의 세 번째 방법은 분출이다. 이것은 앞선 두 가지 방법으로 해결할 수 없는 분노의 원인을 다루는 방법이다. 사회적 원인과 같은 것들이다. 계층적 차별로 인한 분노나 사회적 불평등 같은 문제들로 개인이 어쩔 수 없는 것들. 또는 직장상사나 개인의 힘을 압도하는 대상에 대한 분노. 아니면 개인분노의 심리적 대상이 되는 상대가 더 이상 세상에 존재하지 않거나 만날 수 없는 상황 같을 때를 의미한다.

요즘 들어, 종교지도자들의 성추행과 성폭력 피해가 연일 주요한 사회 문제로 다루어지고 있다. 개신교에서의 일도 심심찮게 보도가 되고 있다. 앞서 잠깐 이야기한 미국 가톨릭교회에

신부들한테 어릴 적부터 성추행을 당한 피해자들의 이야기 같은 것들도 있다. 이런 사건들은 대부분의 오래전 일들이기도 하고 워낙 큰 종교단체들이다 보니 몇몇 개인의 고발로 즉각적인 변화를 이끌어 내기는 쉽지 않다. 수십 년의 시간적 격차, 너무 굳건한 단체의 조직적인 방해 등이 문제를 적극적으로 해결하지 못하게 한다. 문제는 시간이 지났다고 개인의 고통이 사라지는 것은 아니다. 그 경험들은 피해자를 계속 따라다니며 오히려 더 생생해지고 깊은 상처로 남아 있다. 방송에 피해당사자가 나와 '만약 나한테 그런 일들이 일어나지 않았다면 지금 내가 어떻게 되었을지 궁금하다'라는 인터뷰 내용이 이 사실을 잘 요약해 준다.

똑같은 일이 가족 안에서 학대를 당하고 자라난 자녀나 가족들에게 발생한다. 학대하는 부모 밑에서 자라난 아이들은 그 심리적 피해가 심각하다. 부모학대를 통해 여러 가지 감정들을 소유하게 되지만 부모를 포함해 당사자도 구체적으로 그 결과를 예측할 수 없다. 그런 문제들을 풀 수 있는 효과적인 방법 중 하나는 그 대상이 되는 사람을 만나서 해결하는 것이다. 학대의 주범이었던 부모를 만나 복잡한 감정들을 폭발시키고 용서하는 과정 말이다. 운이 좋아 그런 일들을 경험하는 분들도 있다. 그러나 모두가 다 그렇게 운이 좋은 것은 아니다. 아래에 언급하는 몇 가지 방법들은 그렇게 운이 좋지 않은 사람들을 위한 것들이다. 근본적인 해결책은 아니지만 잘만 사용하면 화를 푸는데 상당한 효과가 있는 것들이다. 근본적 해결책이 아니라고 하는 것은 이 방법이 가진 부정적인 면을 의미한다. 얼마 전까지만 해도 분노를 쌓지 말고 풀어내야 한다고 했다. 그래서 화를 내게 하는 방법들, 즉 감정정화가 일어나는 방법에 대한 연구가 많았었다. 분노를 쌓지 말고 배출(venting)하는 방법이다. 그러나 최근 조절이 안 되는 분노표출은 긍정적인 것보다 부정적인 결과가 더 많다고 보고된다. 일시적인 분노표출로 도움이 되긴 하지만, 점점 강도가 세지거나 분노를 더 자주 경험하는 일들이 발생할 수 있기 때문이다(Raju, 2014; American Psychological Association. http://www.apa.org/topics/controlan ger.html). 이제는 더 이상 인기 있는 방법이 아니다. 여기서 소개하는 몇몇도 그래서 사실은 권장하고 싶지 않은 방법들이다. 잘못 사용되면 사용하지 않는 것보다 더 좋지 않은 결과를 가져올 수도 있기 때문이다. 주의해서 사용하길 바란다.

이 방법 중 일부는 실제 상담현장에서 쓰이는 것들이다. 일부는 분출이라고 할 수 없는 것들도 있다. 오히려 투사적 방법으로 감정을 정화한다는 것이 더 정확한 표현일 수 있다. 그 외 나머지 것들은 억누른 감정을 폭발시키고 온 몸으로 표현한다는 의미에서 분출이 맞다. 그러나 편의를 위해 모두 분출이라는 단어를 사용했음을 이해해 주기 바란다. 이런 방법들을 사용하기 위해서는 자기만의 조용한 공간이 필요하다. 소리 지르거나 구르거나 때려도 밖으로 그 소리가 세어 나가지 않을 정도의 공간을 가리킨다. 감정이 너무 격해지면 이런 일들이 흔히 일어나기 때문이다.

• 인형놀이

자기 분노의 대상이나 관계에 어려움을 주는 인물을 다른 것으로 대체하는 방법이다. 직접적으로 마주할 수 없는 상황이거나 마주할 수 있지만 너무 큰 대상일 때 사용한다. 때로는 분노가 너무 커서 아니면 대상이 너무 강력해서 대면하는 것조차 어려울 때가 있다. 그럴 때 유용하다. 분노를 일으키는 대상을 인형에 투사하는 방법이다. 만약 그것이 사람이면 인형에 직접적으로 그 사람의 이름을 붙일 수 있다. 사람이 아닌 경우에도 가능하다. 사람이 아닌 다른 형태의 것, 즉 화를 나게 하는 어떤 것이지만 그 원인이 분명해 보이지 않을 때가 있다. 무언지 알 수 없지만 순식간에 자기를 압도해서 분노하게 하는 감정. 그런 것들에 이름을 붙여 인형에 주는 것이다. 그 인형을 향해 소리치거나 하고 싶은 이야기를 하면 된다. 감정에 너무 압도되면 인형을 때리거나 집어 던질 수 있으니 그 형태에 따라 골라서 사용하도록 한다. 그 대상이 여럿이면 그 수에 따라 인형의 숫자를 늘릴 수 있다.

• 거울보고 이야기하기

원리는 인형놀이와 유사하다. 차이는 그 대상이 분명치 않거나 수시로 바뀌는 상황에서 이 방법이 좀 더 유연하다는 데 있다. 인형놀이 같은 경우는 한번 이름이 주어진 인형은 그 대상이나 분노의 원인 외에 다른 것으로 사용하는데 제약이 따른다. 그러나 이 방법은 그 대상이나 원인을 한정 지을 필요가 없다. 언제든지 생각나는 대로 그 대상을 바꾸어서 쏟아낼 수 있다. 작은 거울도 효과는 있지만 되도록 본인이 다 비춰지거나 상반신 정도가 나오는 크기로 사용하기를 권장한다.

• 베게 때리기

이 방법은 좀 과격한 것이다. 단순히 소리 지르는 것을 넘어서 격한 감정을 경험할 때 사용하는 것 중에 하나이다. 손이나 발, 때로는 물건을 사용해 격한 감정이 가라앉을 때까지 때리는 방법이다. 단순히 베게라고 했지만 꼭 베게일 필요는 없다. 손을 사용하거나 물건을 사용할 때 그 충격을 충분히 받아낼 정도의 것이 좋다. 손과 물건을 사용해서 칠 경우 바닥이나 다른 것에 닿지 않을 정도로 충분히 큰 것이 좋다. 이 방법을 사용할 경우 분노의 대상이 되는 대상을 부르거나 소리를 내는 것도 효과적이다. 예를 들어, '내가 안 그랬어', '나한테 도대체 왜 그랬어?', '너만 잘 났어?', '그만 둬', '하기 싫어', '왜 안 돼?', '저리 가' 등등, 그때 상황을 생각나게 하는 말들이다.

• 누워 치기

이것은 베게 때리기와 달리 온 몸을 사용해 감정을 표현하는 것이다. 바닥에 누워 손과 발을 이용해 감정을 폭발시키는 과정이다. 크게 울거나 소리 지르거나 자연스럽게 감정이 흐르는 방향으로 온 몸을 맡긴다. 쿠션이 있는 바닥에 누워서 몸에 상처가 나지 않도록 긴 소매 옷과 바지를 입는다. 손과 발을 구르거나 치면서 분노를 일으킨 사건이나 대상을 생각하면서 온몸을 사용한다. 이때 앞서 말한 언어를 사용해서 감정을 표출하도록 한다.

• 사진 찢기

이 방법은 그 대상이나 사건을 생각하게 하는 이미지를 찢는 동작을 통해 감정을 순화하는 것이다. 대상이 포함된 이미지 대상의 사진 등을 찢어 버리는 과정이다. 만약 그 대상의 사진이 없으면 비슷하게 그려서 사용할 수 있다. 크기가 작은 것보다 큰 것으로 시각적 효과와 효과음까지 경험할 수 있는 것이면 좋다. 다만 너무 두꺼운 종이여서 찢기 어려운 것을 피하도록 한다.

참고한 글들

구세준 · 배성만 · 현명호. "스트레스, 대처전략 및 용서가 화병 증상에 미치는 영향." 한국심리학회지: 건강, 16, no. 4(2011): 691-707.

권호인 · 이소영 · 권정혜. "부부의 속박감과 복종 및 분노조절 방식이 화병증상에 미치는 영향." 한국심리학회지: 여성, 17, no. 4(2012): 579-595.

김용태. "분노조절에 대한 기독교적 관점."「한국기독교상담학회지」 12, no. 3 (2001): 1-26.

김해영. 『부부교과서: 사랑이 증오로 바뀔 때』. 서울: 글샘출판사, 2012.

______. 『수치심과 가족이야기』. 부크크, 2018.

김희선. "힘의 악용으로써 가정폭력과 종교: 기독교신앙의 역할."「목회와 상담」 27 (2015): 71-98.

미리암 그린스팬/고석주 옮김, 『우리 속에 숨어 있는 힘』. 서울: 도서출판 또하나의문화, 2006.

박영주, 김종우, 조성훈, 문소현. "화병관리프로그램 개발과 효과."「대한간호학회지」 34, no. 6 (2004): 1035-1046.

박지환, 민성길, 이만홍. "홧병에 대한 진단적 연구."「신경정신의학」 36, no. 3 (1997): 496-502.

서수균. "분노와 관련된 인지적 요인과 그 치료적 함의." 서울대학교 박사학위 논문, 2004.

송호근 (2014. 10. 7). 송호근 칼럼: 중세적 세습사회의 귀환. 중앙일보, A31면.

안정미, 안권순. "청소년의 정서분노경험 요인에 관한 연구."「청소년학연구」 19, no. 3 (2012): 267-292.

이건호. “동서양 의학에서 바라본 몸과 마음의 상호관계.”「한국정신과학회」10 (2013): 148-155.

이관직.『분노심리』서울: 대서, 2015.

이상현, 성승현. “분노사고와 분노표현에 있어서의 자기-자비의 완충효과.”「한국심리학회지: 상담 및 심리치료」23, no. 1 (2011): 93-112.

이지영, 손정락. “아동기 정서적 외상과 역기능적 분노 간 관계에서 불안정애착과 초기 부적응 도식의 매개역할 검증.”「한국심리학회지: 건강」15, no. 4 (2010): 841-851.

이철. “한국사회에 증가하고 있는 분노문제에 대한 기독교 인문학적 성찰.”「기독교교육정보」46, no. 9 (2015): 279-309.

장-다비오/임말희 옮김.『100년의 힐링파워』. 서울: 눈출판그룹, 2018.

장미혜, 정연득. “목회상담학의 최근 연구동향:「목회와 상담」게재 논문분석(2001-2016),”「목회와 상담」28 (2017): 269-300.

정연득. “분노하는 기독교인을 위한 변명.”「장신논단」45, no. 1 (2013): 175-203.

제임스폴링/이화목회상담센터 옮김,『성폭력과 힘의 악용: 목회상담적 성찰』.파주: 한울아카데미, 2015.

조유경, 이지영. “아동기 정서적 외상과 역기능적 분노표현과의 관계-단절 및 거절도식과 심리적 부적응의 매개효과.”「아시아 교육연구」16, no. 1 (2015): 323-343.

조정실. “학교폭력피해학생의 프로그램 효과분석.” 고려대학교 석사학위 논문, 2016.

조한익, 최종환. “아동기 정서적 외상이 초기 성인기 역기능적 분노표현에 미치는 영향에서 부정적 용서신념의 매개효과.”「청소년학연구」20, no. 9 (2013): 125-148.

홍구화. “분노 조절을 위한 통합적 접근: Hall의 공감적 접근 이론에 대한 비판을 중심으로.”「목회와 상담」48 (2017): 325-359.

Allen, J. *Coping With Trauma: Hope Through Understanding*. Amer Psychiatric Pub Inc, 2005.

Alschuler, C. F., & Alschuler, A. S. "Developing Healthy Response to Anger; The Counselor's Healthy Response to Anger: The Counselor's Role." *Journal of Counseling and Development,* 63(1984): 26-29.

Affinito, Mona Gustafson. "Forgiveness in Counseling: Caution, Definition, and Application," In *Before Forgiving: Cautionary Views of Forgiveness in Psychotherapy,* Edited by Saron Lamb and Jeffrie G. Murphy. New York: Oxford Press, 2002.

Alaubaide, Wasan Naser. "Self-Image to Child Abuse and Family Violence.;" *American Academic & Scholarly Research Journal* 5, no. 3 (2013): 229-242.

Augsburger, D. "Anger and Aggression." In *Clinical Handbook of Pastoral Counseling.* Robert Wicks, Edited by Richard Parsons, and Donald Capps. New York: Paulist Press, 1985.

__________. *Anger, Assertiveness and Pastoral Care*. Philadelphia: Fortress Press, 1973.

Bowlby, John. *Attachment and loss: Loss.* NY: Basic Books, 1980.

Bartholomew, Kim. "Avoidance of intimacy: An attachment perspective." *Journal of Social and Personal relationships* 7(1990): 147-178.

Bartholomew, Kim and Horowitz, Leonard M. "Attachment Styles Among Young Adults: A Test of a Four-Category Model." *Journal of Personality and Social Psychology* 61, no. 2 (1991): 226-244.

Bilodeau, I. *The Anger Workbook.* New York: MIF Books, 1992.

Benazzi. F. "Major depressive disorder with anger: A bipolar spectrum disorder." *Psychotherapy and Psychosomatics* 73 (2003): 300-306.

Bitna, Kim. "Abused South Korean Women A Comparison of Those Who Do and Those Who Do Not Resort to Lethal Violence." *International Journal of Offender Therapy and Comparative Criminology* 53, no. 1 (2009): 93-113.

Beck, A. T. *Cognitive Therapy and the Emotional Disorders.* New York: International University Press, 1976.

__________. *Prisoner of Hate: The Cogntive Basis of Anger, Hostility, and Violence.* New York: Perennial, 2000.

Brunero, S., Cowan, D., & Fairbrother, G. "Reducing emotional distress in nurses using cognitive behavioral therapy: A preliminary program evaluation." *Japan Aca Nurs Sci,* 5(2008): 109-115.

Banduar, A., and Walters, R. H. *Social Learning and Personality Development.* New York: Holt, Rinehart & Winston, 1963.

Chodorow, Nancy. "Family Structure and Feminine Personality." In *Woman, Culture and Society.* Edited by M. Z. Rosaldo & L. Lamphere. Stanford, CA: Stanford University Press, 1974.

Cautin, R. L., Overholser, J. C., & Goetz, P. "Assessment of Mode of Anger Expression in Adolescent Psychiatric Inpatients." *Adolescence* 36 (2001): 163-170.

Chung, W. S. "Socialization and women in Korea from the perspective of the Family, School and Social Education." In *Challenges for Woman. Edited by S. W. Chung.* Seoul, Korea: Ewha Woman's University Press, 1986.

Damasio, A. *The feeling of what happens: Body and emotion in the making of consciousness.* Orlando, FL: Harcourt, 1999.

DiGiuseppe, R. "End Piece: Reflection on the Treatment of Anger." *Journal of Clinical Psychology* 55(1999): 311-324.

Dollard, J., and Miller, N. E. *Personality and Aggression.* New York: McGraw-Hill, 1950.

Enright, Robert D., Freedman, Suzanne, and Rique, Julio. "The Psychology of Interpersonal Forgiveness," In *Exploring Forgiveness*. Edited by Robert D. Enright & Joanna North., Madison, WI: The University of Wisconsin Press, 1998.

Ellis, A. E. *Anger: How to Live With It and Without It*. New York: Citadel Press, 1977.

__________. *Reason and Emotion in Psychotherapy: Revised and Updated*. New York: Carol Publishing, 1994.

Freud, S. Mourning and melancholia, In *Essential papers on depression*. Edited by J. C. Cotyn. N.Y.: New York University Press, 1986.

Flax, J. "The Conflict between nurturance and autonomy in mother-daughter relationships and within Feminism." *Feminist Studies* 4, no. 2 (1981): 171-189.

Fava, M. & Rosenbaum, J. F. "Anger attacks in patients with depression." *Journal of Clinical Psychiatry* 60, no. 15 (1999): 21-24.

Fisher, Helen. *Why Him? Why Her?: Understanding Your Personality Type and Finding the Perfect Match*. Henry Holt and Co, 2009.

Gottlieb, M. M. *The angry self: A comprehensive approach to anger management*. Phoenix, Arizona: Zeig, Tucker & Co. Press, 1999.

Gostecnik, Christian, Repic, Tanja and Cvetek, Robert. "Redemptive Experience in Relational Family Therapy: A Christian Perspective." *J Relig Health* 47 (2008): 386-397.

Graham, Larry Kent. *Care of Persons, Care of Worlds: A Psychosystemic Approach to Pastoral Care and Counseling*. Abingdon, 1992.

Hwang, Seulha and Kan, Jin-suk. "A Qualitative Study on the

Discourse of On-line Woman Interpellation." *Korean Journal of Broadcasting and Telecommunication Studies* 28, no. 4 (2014): 356-388.

Hoffmann, S. G., Asnaani, A., Vonk, I. J. J., Sawyer, A., & Fang, A. "The efficacy of cognitive behavioral therapy: A review of meta-analyses." *Cognit Ther Res* 36, no. 5 (2012): 427-440.

Ingram, Chip and Johnson, Becca. *Overcoming Emotions That Destroy: Practical Help for Those Angry Feelings That Ruin Relationships.* Baker Books, 2009.

Jane Waldfogel, Jane, Craigie, Terry-Ann & Brooks-Gunn, Jeanne. "Fragile Families and Child Wellbeing The Future of Children." 20, no. 2 (2010): 87-112.

Kohut, H. *How does analysis cure?* Chicago: University of Chicago Press, 1984.

Kirkpatrick, Lee A. *Attachment, Evolution, and the Psychology of Religion.* The Guilford Press, New York, 2005.

________________. "An Attachment-Theory Approach to the Psychology of Religion.;" *The International Journal for The Psychology of Religion* 2, no. 1 (1992): 3-28.

Kendall, P. C. & Hollon, S. D. Assessing Self-Referent Speech: Methods in Measurement of Self-Statements. In *Assessment Strategies for Cognitive-Behavioral Inventions* (85-118). Edited by P. C. Kendall, & S. D. Hollon. New York: Academic Press, 1981.

Kim, Simone Sunghae. "Individualism and Collectivism: Implications for Women." *Pastoral Psychol* 58 (2009): 563-578.

Landenberger, N. A., & Lipsey, M. W. "The positive effects of cognitive-behavioral programs for offenders: A meta-analysis of factors associated with effective treatment." *Journal of Experimental Criminology*, 1(2005): 451-76.

Luan P. K. "Functional neuroanatomy of emotion a meta-analysis of Emotion Activation studies in PET and MRI." *Neuroimag.* 16 (2002): 331-348.

Lester, Anderw. D. *The Angry Christian.* Louisville: Westminster John Knox Press, 2003.

Lee, Boyung. "Caring-self and Women's Self-esteem: A Feminist's Reflection on Pastoral Care and Religious Education of Korean-American Women." *Pastoral Psychology* 54, no. 4 (2006): 337-353.

Mattew, K. A, Glass, D. C, Roseman, R. H, & Bortner, R. W. "Competitive Drive, Pattern A., and Coronary Heart Disease: A Futher Analysis of Some Date from Western Collaborative Group Study." *Journal of Chronic Disease* 30 (1977): 489-498.

Mullen, P. E., Martin, J. L., Anderson, J. C., Romans, S. E. & Herbison, G. P. "The long-term impact of the physical, emotional, and sexual abuse of children: A community study." *Child Abuse & Neglect* 20, no. 1 (1996): 7-21.

Miller, Patricia. H. *Theories of Development Psychology.* New York: Worth Publisher, 2011.

Miller, N E., and J. Dollard. *Social Learning and Imitation.* New Haven, CT: Yale University Press, 1941.

Maguire, N., Grellier, B., & Clayton, K. *The impact of CBT training and supervision on burnout, confidence and negative beliefs in a staff group working with homeless people.* London: WCC, 2012.

Miner, Maureen. "The Impact of Child-Parent Attachment, Attachment to God and Religious." *Journal of Psychology and Theology.* 37, no. 2 (2009): 114-132

______________. "Back to The Basics in Attachment To God: Revisiting Theory In light of Theology." *Journal of Psychology and Theology* 35, no. 2 (2009): 112-122.

Nam, Kyoungtae, Lee, Guiohk & Hawng, Jang-Sun Hwang. “Gender Stereotypes Depicted by Western and Korean Advertising Models in Korean Adolescent Girls Magazines.” *Sex Roles* 64 (2011): 223-237.

Novaco, R. W. “Anger as a Risk Factor for Violnece Among the Mentally Disordered.” In *Violence and Mental Disorder*. Edited by J. Monahan & H. J. Steademand. Chicago: The University of Chicago Press, 1994.

Orcutt, James D and Schwabe, Annette M. “Gender, Race/Ethnicity, and Deviant Driking: A Longitudial Application of Social Structure and Social Learning Theory.” *Sociological Spectrum* 32, (2012): 20–.36.

Peck, M. Scott. *The Road Less Traveled: A New Psychology of Love, Traditional Values and Spiritual Growth*. New York: A Touchstone Book, 2003.

Petrocelli, J. V. “Effectiveness of Group Cognitive-Behavioral Therapy for General Symptomatology: A Meta-Analysis.” *J Special Group Work* 27, no. 1 (2012): 92-115.

Pearson, F. S., Lipton, D. S., Cleland, C. M., & Yee, D. S. “The effects of behavioral/cognitive-behavioral programs on recidivism.” *Crime & Delinquency,* 48 (2002): 476–496.

Saussy, Carroll, and Barbara J. Clarke. “The Healing Power of Anger.” In *Through the Eyes of Women,* Edited by Jeanne Stevenson Moessner. Minneapolis: Fortress Press, 1996.

Saussy, Carroll. *The Gift of Anger*. Louisville, Kentucky: Westminster John Knox Press, 1995.

Seamans, Daivd. A. *Healing For Damaged Emotions*. David. C. Cook, 1981.

Shaddock, David. *From Impasse To Intimacy: How Understanding*

Unconscious Needs Can Transform Relationships. Toronto: A Jason Aronson Book, 2005.

Starddot, Erict. "Current Thinking in Pastoral Psychology." *The Expository Time* 123, no. 7 (2012): 323-333.

Spielberger, C. D., Reheiser, E. C. & Sydman, S. J. "Measuring the experience, expression, and control of anger." *Issues in Ped iatric Nursing,* 18(1995): 207-232.

Spielberger, C. D., Jacobs, G. A., Russel, S., & Crane, R. S. "Assemment of Anger: The State-trait Anger." In *Advance in Personality Assessment.* Edited by J. N. Butcher & C. D. Spielberger. Hillsdale, NJ: Erllbaum, 1983.

Spieberger, C. D., Johnson, E. H., Russell, S., Crane, R. S., Jacobs, G. A., & Workmen, T. J. "The Experience and Expression of Anger: Construction and Vaidation of an Anger Expression Scale." *In Anger and Hostility in Cardiovascular and Behavioral Disorder.* Edited by M. A. Chesney. & R. H. Riseman. New York: Hemisphere, 1985.

Spielberger, C. D., Krasner., S. S., Solomon, E. P. "The Experience, Expressoin and Control of Anger." In *Health Psychology: Individual Difference and Stress.* Edited by M. P. Janisse. New York: Springer Verlag, 1988.

Schore, A. N. *Affect dysregulation and disorders of the disorders of the self.* New York: W. W. Norton, 2003.

Siegel, D. J. *The developing mind: How relationships and the brain interact to shape who we are.* New York: Guilford Press, 1999.

Smith, A. *The relational self: Ethics and therapy from a Black church perspective.* Nashville: Abingdon, 1982.

Sofield, Loughlan, Carroll, Juliano and Rosine, Hammett. *Design for Wholeness: Dealing with Anger, Learning to Forgive and Building Self-esteem.* Notre Dame, Indiana: Ave Maria Press,

1990.

Solomon, Robert C. *True to Our Feelings.* New York: Oxford University Press, 2007.

Wilson, D. B., Bouffard, L., & Mackenzie, D. L. "A quantitative review of structured, group-oriented, cognitive-behavioral programs for offenders." *Criminal Justice and Behavior,* 32 (2005):172-04.

Worthington, E. "An empathy-umility-ommitment model of forgiveness applied within family dyads." *Journal of Family Therapy,* 20 (1998): 59-60.

Winnicott, D. W. *Human nature.* London: Free Association Books, 1988.

Worthington, Evert L. *Marriage Counseling: A Christian Perspective.* IL: InterVarsity Press, 2002.

Yoon, H. J. The Nature and directions of Korean women's issues. In *Challenges for Womens.* Edited by H. Chung. Seoul, Korea: Ewha Woman's University Press, 1986.

한국여성의 전화, http://hotline.or.kr/board_statistics.

정환봉, "여성이라는 죽을 죄?," 한겨레21(2016.05.31.), http://h21.hani.co.kr/arti/ cover/cover_general.

한국성폭력 상담소, "한국성폭력상담소 2014년 상담통계현황," http://www.sisters. or.kr/load.

American Psychological Association. http://www.apa.org/topics/controlanger.ht

저/자/약/력

김 해 영 (Email: haero2000@hotmail.com)

1970년 전주에서 태어나 서울에서 젊은 시절을 보냈다.

1998년도 연세대학교 연합신학대학교 상담학과에서 상담공부를 시작으로 상담분야에 인연을 맺게 된다. 인천 연세 부설 상담원에 실장으로 근무하면서 좀 더 전문적인 상담공부에 필요를 느끼게 됐다. 그 후 캐나다 토론토에 상담공부를 위해 유학길에 오른다. 토론토 대학에서 2004년부터 석사과정을 시작, 2017년도에 박사과정을 마쳤다. 2005년부터 토론토 코스타 캐나다의 상담팀장으로 활동했다. 2009년도에 토론토 상담심리 연구소 소장으로 활동했다. 부부상담, 가족치료, 영성상담 등에 관심 갖고 저술 활동도 하고 있다.

저서로는, "부부교과서: 사랑이 증오로 바뀔 때", "수치심과 가족이야기", "통찰, 가짜 하나님, 목회상담" 등이 있다. 현재 KC대학교에서 외래교수로 상담학 과정을 가르치고 있다.

분노로부터의 탈출

초판 1쇄 인쇄 - 2019년 3월 20일
초판 1쇄 발행 - 2019년 3월 30일

저　자 - 김 해 영
발행인 - 김 의 용
발행처 - 교육아카데미

주　소 - 서울시 성북구 한천로 70길 15-1 (석관동)
전　화 - (02) 967-9947(代), (02) 3142-9924
팩　스 - (02) 967-9948
등　록 - 1996년 9월 6일 No. 2-2243

정가 14,000원